Basics of
Design rules

簡単だけど、すごく良くなる
77のルール

デザイン力の基本

ウジ トモコ
TOMOKO UJI

日本実業出版社

はじめに

「うわぁ、ひどい‼」

　がんばってデザインしている（？）つもりが、むしろごちゃごちゃしてしまい、とても「残念な感じ」になっているチラシや資料などを身近で見かけたことはありませんか？

　そして、この「残念な感じ」とはいったい何か、どうしてそうなるのかを考え、そのようなダメなデザインを、ちょっと大げさな言い方になりますが、世界中から撲滅するためにサンプルを集めて研究を重ねた結果、

・見えない、読めない
・さえない、映えない
・信頼性がない、うさんくさい
・存在感がない、記憶に残らない
・シェアする気にもならない

というような共通点が見つかりました。

　次のページにある「ダメな例」は、「Lorem Ipsam 」というダミーテキストを使用してつくったレイアウトサンプルです。文字にシャドーがついていたり、コントラスト比が足りなかったり、文字も読みづらかったりと、なんだか、ごちゃごちゃしていますよね。

ダメな例

「Lorem ipsum」というダミーの文字を使用して、レイアウトのみに目がいくように（テキストを読まないように）つくられた、ダメなデザイン例

文字にシャドーを入れている

キャッチが２つある？

文字が小さくて見えない

全体に詰め込みすぎ

BEFORE

コントラスト不足で、文字が読めない

| 良い例 | 「かぶりを取る」「文字にフチどりはつけない」「王道の3色ルール」「フォントはウェイトを使いこなす」などのルールに沿ってつくられた、改善提案 |

AFTER 余計な飾りをはずして、シンプルにスッキリ

そして、こういった「ダメな例」をデザインのルールに従い、手順を踏んで改善しながら、デザインの原理原則を身につけていただくのが、本書のゴールです。

　ところで、現代は「共感時代」と言われ、そのような時代の流れを及んだ「消費者モデル」を示すマーケティング用語に「AISAS（Attention/Interest/ Search/Action/ Share）」というコミュニケーション手法があります。

　これを、デザインにあてはめてみると、次の5つとして挙げられます。

　　・Accessibility（見やすさ、よみやすさ）
　　・Impression（印象・映え）
　　・Sincerity（信頼性・誠実さ）
　　・Uniqueness（ユニークである、独自性）
　　・Share（共感・共生・共創力）

　とくに、最初の「Accessibility」と「Impression」は、グローバル社会の中ではずせないデザインのキーファクターです。アクセスできなければ、印象が弱ければ、存在そのものが認知されません。「Sincerity」と「Share」は、とても現代的なアプローチです。信頼性に欠け、共感できないものは広がりません。

　「Uniqueness」は、マーケティング戦略の中でもスタンダードな考え方と重なりますが、競争優位を保つうえで欠かせないものです。
　本書ではこのすべて、あるいはこの5つのどの効果を狙ったものかを小見出しの前に記載しています。そして、デザインでよくありがちな問題を1つずつ解決しながら、合計77個のトピックを通じて、「AISUS」の5つの命題をクリアしていきます。

　私は、もともと美大で広告とＣＩ（コーポレートアイデンティティ）を専攻し、若いころは大手企業の販促のデザインを担当していました。最近では25周年を迎えたインテリア雑貨大手「Francfranc」のデザイン・ガイドラインの策定、かごしまデザインアワードの審査員、また、さまざまな企業から「デザインをどうしたらいいか？」というご相談を受け、アドバイザーのようなことをしたりして、北海道から鹿児島あたりまで、日本のあちこちにお邪魔しています。

　そのようななかで、いつも思うことは、「デザインの基本」をどうしたらもっともっと広められるのか、「デザインのルール」をど

うしたら、もっと知ってもらえるか、ということです。

　デザインとは、「プロジェクト成功のカギを握る、創造のための知識・教養」だと私は考えています。デザインを正しく素敵なものに変えるだけで、商品が爆発的に売れるようになったり、会社の雰囲気ががらっと明るくいい雰囲気に変わったり、採用における応募数が劇的に増えたり……と、いいことずくめなのです。

　本書では、「デザインの基本」や「デザインによってもたらされること」を総称して「デザイン力」と呼びます。「デザイン力」があると、あなたの会社、商品、サービスはもちろん販促やPRをはじめ、ビジネスの「改善力」がどんどん上がっていきます。

　本書をきっかけに、あなたの中に眠る「デザイン力」をアップさせましょう。

　さあ、ご一緒に。
　レッツ、デザイン！

CONTENTS

はじめに …… 1

第1章　いきなり手を動かさない

01　まず、「調査」からはじめる …… 14

02　何を伝えたいのか …… 16

03　「誰が見るのか」を具体的に思い描く …… 18

04　「良い」「悪い」≠「好き」「嫌い」…… 20

05　第一印象に、二度目はない …… 22

06　目立つ≠売れる …… 24

第1章のまとめ …… 26

COLUMN 「デザイン力」とは？ …… 27

第2章　「これは違う」をまず決める

07　「これは違うよね」を決める …… 30

08　イメージボードをつくろう …… 32

09　ダメなデザインはあなたを困らせる …… 34

10　良いデザインはあなたを助けてくれる …… 36

11　「こっちではない、こっち」で目指す
　　デザインを浮かび上がらせる …… 38

第2章のまとめ …… 40

COLUMN デザイン力の基本は「思考力」…… 41

第3章　欲張らない

12　いらないものを捨てる（分けるか、捨てる）…… 44

13　大事なほうを残す（かぶりをなくし、引き立たせる）…… 46

14　ワンキャッチ・ワンビジュアル …… 48

15 「目に見える順番」と「情報の優劣」を一致させる ⋯⋯ 50

16 余白を生かす（「映え」るための技術） ⋯⋯ 52

第3章のまとめ ⋯⋯ 54

第4章　空気をつくる

17 どんな雰囲気にしたい（クール？ 楽しそう？ やさしそう？）

⋯⋯ 56

18 「なんとなく」を計画的に ⋯⋯ 58

19 カジュアルに見せたいとき ⋯⋯ 60

20 フォーマルに見せたいとき ⋯⋯ 62

21 「つかむデザイン」と「引き寄せるデザイン」⋯⋯ 63

22 デザインの一貫性をルール化する〜トーン＆マナー〜

⋯⋯ 64

23 空気感が決まるとデザインは簡単になる ⋯⋯ 66

第4章のまとめ ⋯⋯ 68

COLUMN 「消費者行動モデル」に空気感を取り入れる!? ⋯⋯ 69

第5章　適切な「フォント」を選ぶ

24 基本は明朝体とゴシック体 ⋯⋯ 74

25 ビジネスでの味方はサンセリフ（Sans-Serif）⋯⋯ 78

26 「高級感」が出るセリフフォント（Serif）⋯⋯ 82

27 カジュアルにしたいけど安っぽくしないコツ ⋯⋯ 86

28 フォントは種類でなく、「ウェイト」を使いこなす ⋯⋯ 88

29 フォントは「ファミリー」で使う ⋯⋯ 90

30 フォントで「表現」しようとするな ⋯⋯ 92

第5章のまとめ ⋯⋯ 94

COLUMN 書ききれなかった、フォントの話。⋯⋯ 95

第6章 「色数戦略」と「王道の３色ルール」を使いこなす

31 色は選ぶ前に「戦略」を決める …… 98

32 らくちん・センス良くの「王道の３色選び」…… 102

33 主役カラーの決め方 …… 104

34 サブカラーは機能的に選ぶのがポイント …… 108

35 便利で簡単！ カラーパレットのつくり方 …… 110

第6章のまとめ …… 112

COLUMN 環境によって、見える色は変わる …… 113

第7章 「写真」「イラスト」のこれだけは知っておきたいこと

36 写真やイラストは「機能」と「印象」を重視 …… 116

37 写真やイラストの表現は適材適所 …… 118

38 写真はライトが９割 …… 120

39 青い光で食べ物を撮らない …… 122

40 見る人の視点を意識する …… 124

41 三分割構図と日の丸構図 …… 126

42 写真を加工するときのコツ …… 128

43 親しみやすさを出す …… 130

44 トリミングやトーンで印象が変わる …… 132

45 写真をイラストに変換して、表現力を増す方法 …… 134

46 イラストや動画を効果的に使う …… 136

47 ビジネスで、写真やイラストに関わるときのポイント …… 138

48 依頼するときの５つのポイント …… 140

49 フリー素材、ストックフォトでのトラブルを避けるために …… 142

第7章のまとめ …… 144

COLUMN　ニューヨーク市「ハイライン」の都市デザイン …… 145

第8章　そろえる＆まとめる＆目立たせる

50　デザインスタイルを整理する …… 148

51　ホワイト・スペースの意味 …… 150

52　デザインで視線を誘導する …… 154

53　左ぞろえ、中央ぞろえ、右ぞろえ …… 156

54　大きい文字でも見づらい理由 …… 158

55　デザインの「見せる・読ませる」法則 …… 160

第8章のまとめ …… 162

第9章　印象に残る資料をデザインする

56　1シート1トピックが原則 …… 164

57　グラフでの色使い …… 166

58　グラフは見やすく …… 168

59　見せるプレゼンシート …… 170

60　読ませるプレゼンシート …… 172

61　マージンを使うテクニック …… 174

62　基本を踏まえたうえで「自分らしさ」もプラスするには

…… 176

63　キースライドをつくる …… 178

第9章のまとめ …… 180

COLUMN　デザインは「資産」…… 181

第10章 デザインの原理原則に沿って、つくってみよう（チラシ・ポスター・サイネージなど）

64 「何を言いたいのかわからないチラシ」を反面教師に …… 184

65 「目的」をデザインで表現する …… 186

66 ターゲットをアイキャッチに …… 188

67 魅力を見せて、引き寄せる …… 190

68 「視線の流れ」をつくる …… 192

69 遠目からもよく見えるために、情報をバラして
メリハリをつける …… 194

70 どんなサイズにも展開できるように …… 196

71 情報を増やすときはグリッドを使う …… 198

72 チラシの展開パターン3例 …… 201

73 使う書体は2つまで …… 204

74 30人以下のためのデザイン …… 207

75 300人以下のためのデザイン …… 208

76 多くの人に伝えるデザイン …… 210

77 さまざまな媒体に展開する …… 212

第10章のまとめ …… 214

COLUMN 「デザイン力」は日常でも欠かせない …… 216

参考文献 …… 221

おわりに …… 218

カバーデザイン◎井上新八
本文ＤＴＰ◎ダーツ

第 **1** 章

いきなり手を動かさない

01 まず、「調査」からはじめる

　「デザイン力の基本」を身につければ、どんな人でも必ずデザインはうまくなります。では、最初の質問です。みなさんは、いつもどのようにデザインをはじめていますか？

AISUS　急がば回れ。プロは「調査」と「準備」をする

　「なんとなく、いきなりデザインをはじめてしまう」と、善し悪しの判断に悩んだり、あとで余計な時間がかかることになります。

　「いや、そんなこと、すでにわかっているよ」と、もしかしたら思われるかもしれません。けれども、実際にいきなり手を動かしている人はとても多いです。プロのデザイナーはまず、「調査」と「準備」をします。

悪い▶
調査なし
　× 概況がわからないままデザインする（判断に困る）
　× 目的を決めずにデザインする（混乱・堂々巡りする）
　× 対象があいまいなままデザインする（表現がぼやける）
　× 何も考えずにやみくもに手を動かす（時間がかかる）
　× 現場を見に行かない（必要なものと違うものができる）

⬇

良い▶
調査する
　□ 背景を知る / 課題を知る / 環境を知る
　□ 現場に行って、現状を把握する
　□「何のために」つくるのか確認する
　□「誰のために」つくるのか確認する
　□ 上記の内容を整理して、戦略を考える

> AISUS　**与件（課題）を明確にする**

　デザイン以外は迷いがない状態まで準備ができてから（与件が明確になってから）、デザインをつくりはじめましょう。

　たとえば、今、あなたは飲食店の新しいサービスのチラシを作成するとしましょう。とても良いサービスなので期待に胸がふくらんでいます。ところがチラシのデザインをつくろうとしたら、デザインのテンプレートの種類がたくさんありすぎて、どれにしたらいいか迷いはじめました。そして、一度迷いはじめるとさっぱり作業が進まず……。また、時間がないのでレイアウトをしてみたらしっくりこない……。と、こんなことも、「調査不足」から起こる典型的な例の1つです。

　デザインで困る問題のほとんどは、与件（課題）のあいまいさをなくすことで解決できます。しっかり調査をすれば、たくさんのテンプレートの中から「今回はこれがぴったり！」という明確な判断が誰にでもできるようになります。

> AISUS　**デザインをつくりはじめる前に**

☐ 与件（課題）を明確にする
☐ 良い・悪いなどの基準を決める
☐ 価値観の事前共有
☐ 材料をできるだけそろえる
☐ 手戻りをなくす

BEFORE　いきなりつくりはじめる　　AFTER　しっかり調査してからはじめる

02 何を伝えたいのか

　「しっかりと伝える」ためには、視覚伝達のしくみを理解し、伝える内容を、シンプルに絞る必要があります。「何を伝えたいのかという目的（告知なのか、集客なのかなど）」と「印象効果のゴール（インパクトを与えるのか、共感を呼ぶのかなど）」を明確にすることが大切です。

IMPRESSION 人間の目のしくみ

　ウサギは天敵も多く、目は顔の両脇についていて、身の安全のために一度にたくさんのものを見ることができます。一方で、人の目は「1つのこと（目の前のこと）をしっかりと見る」機能を重視しており、「たくさんのものを同時に見る」ようにできていません。デザインもなるべく「1か所に目を向けてもらう必要」があります。

うさぎの視野角→周辺に目を配るため

人の視野角→目の前にある対象をよく見極めるため

　視覚伝達で効果を上げたいときは、伝えたいことをなるべくシンプルに絞ります。視覚効果で伝わりにくいことはテキストで伝え、

ビジュアルとコピーで相乗効果があるように役割分担をしていきます。広告業界の用語に「アイキャッチ」とか「ビジュアルインパクト」という言葉がありますが、これは、人間の目の物理的なしくみにかなった手法と言えます。

`ACCESSIBILITY` 伝える「ゴール」をしっかりと把握する

情報を伝えるだけでいいのか、集客につなげたいのか、イベント開催による啓蒙目的なのか、など視覚伝達のゴールを明確にします。たとえば、次の3つはそれぞれゴールが異なります。

告知▶ 開催（内容）を印象的に伝える（インパクトを重視）
集客▶ チケットを買いたくなるように伝える（動線設計を重視）
啓蒙▶ 趣味や思想などに共感するように伝える（テーマを重視）

「告知」であれば、写真やタイトル画像でインパクトを、テキストで詳細の情報を伝えます。「集客」がゴールであれば、買う理由から買うしくみへの「動線のデザイン」をしっかりと行います。「啓蒙」したいのであれば、誰もが一定の反応を起こすテーマ性の強い写真などを選びます。伝える「ゴール」によって最適な表現手法を選びましょう。

`ACCESSIBILITY` 伝わるデザインのために

□ 伝えたいことを絞る
□ ゴールを明確にする
□ 視覚効果の選択
□ 情報発信の役割分担

03 「誰が見るのか」を具体的に思い描く

　「何を伝えたいか」と同じくらい大切な要件定義は、そのデザインを「誰が見るのか」ということです。ビジネスパーソンが見るのか、学生がターゲットなのかでは、選ぶ表現の手法も変わってきます。また、ビジネスパーソンだとしても、年齢や職種などによっても変わります。対象を具体的に、明確にしていくことをマーケティングの用語では「ペルソナ」と言います。

ACCESSIBILITY　**「誰が見るのか」をあいまいにしない**

　「誰」をあいまいにせずに、できるだけ具体的に考えてみます。「有職主婦」「40代女性」がまず想定にあったとして、消費動向や趣味・志向などをより具体的な軸に沿って書き出してみましょう。なぜなら、大雑把に「有職主婦」にしてしまうと、「さまざまな有職主婦」がいるために、

ジャンクフード好き：全体に茶色っぽい食生活

ナチュラル嗜好：ビタミンカラーや色鮮やかな食生活

方向性や選択肢として複数出てくる可能性があるからです。たとえば、新しく食品スーパーが開店して、「有職主婦」向けのチラシを作成するとします。「有職主婦」と言っても、食べ物の好みはさまざまです。とくに、健康的な食事やオーガニックな野菜を好む層と、保存料や着色料、化学調味料入りのでもかまわず購入する層とは、食品以外の購買の傾向もまったく異なります。

ACCESSIBILITY ターゲットを絞り込んだデザインはリスクも伴う

今回のターゲットは「ナチュラル志向」だということがはっきりすれば、デザインのテンプレートを選ぶことも、色使いを考えることも、とても楽になります。たとえば、ナチュラなモチーフは受け入れられやすく、体に悪い食べ物をイメージさせる色使いのデザインは「違う」ということは確実にわかるようになります。

ただし、ターゲットを絞るのは、効率が良いようでリスクも伴います。とくに表現以前のデザインの機能的な面（見やすい、わかりやすいなど）では、なるべく多くの対象にとって優れた仕様が好ましいと言えます。つまり、デザインの機能としては、誰が見ても、見やすくわかりやすくしておきながら、必要に応じて、特別な対象に響くという対策も大切です。

絞りすぎると、広まらないことも

絞った対象から、広がるのが理想

04 「良い」「悪い」≒「好き」「嫌い」

　デザインをつくるときも、直すときも、また、デザインを評価するときも、とても重要なことがあります。「良い、悪い」と「好き、嫌い」の話をごちゃ混ぜにしてはいけないということです。

AISUS デザイナーの好みで、デザインがつくられてしまい困る

　企業の研修やセミナーでよく相談を受ける「デザインの困りごと」には、次のようなものがあります。
　× デザイナーが自分の好みでデザインをつくってしまう
　× デザイナーが自分の案を強く押してきて言い返せない
　× デザイナーが修正に応じてくれない
　× デザイナーが話を聞いてくれない

AISUS 事情をよく知らない人の思い込みで、突然、デザインがひっくり返る

　また、デザインのことも、プロジェクトのこともよく理解していない人が、口を出して困るというような意見もあります。
　× 社長の「鶴のひと声」でデザインがひっくり返る
　× 事情をよく知らない社員による多数決でデザインを決める
　× いつも会議に参加しない声の大きい人の意見が通る

　このように、根拠のない思い込みや、単に声が大きい人の意見などで判断していると、目的に沿った良いものはできません。

> AISUS 「品質」の話と「好み」の話を切り離す

まずは、見やすさ、読みやすさなどデザインの「品質（アクセシビリティを含む）」を優先しましょう。

下の例は、ウェディングパーティの案内状です。STEP1 では、文字が読めるようにレイアウトの修正を行い、文字のシャドーもはずしました。そして STEP2 では、「どのような花のイメージが良いか」など、依頼主の希望に応える作業をしています。

第1章 いきなり手を動かさない

05 第一印象に、二度目はない

「第一印象に、二度度目はない」。その言葉通り、商品のパッケージは価値を伝える最初の媒介と考え、手に取りたくなり、かつ中身にふさわしいものにしておく必要があります。

IMPRESSION まずは、目にとまることから

山口県の防府市三田尻に、昔ながらの「木桶仕込み」を続けている一馬本店という味噌屋さんがあります。一馬本店がつくる麦味噌は豊かな風味とコクが特徴で、知る人ぞ知る人気商品。素材にこだわる東京の和食店などでも使用されているそうです。こちらの商品は「まちの駅」の売店などでも、私がパッケージデザインリニューアルを担当するずっと前から売られていました。ところが、実際に蔵におうかがいして「木桶仕込み」の話を聞くまで、私は一度も麦味噌をはじめその味噌屋さんの商品を手に取ったことはありませんでした。なぜかと言えば、たぶん、目に入っていなかった……というか、つまり、存在に気づいていなかったのです。

BEFORE 商品名のみの表記（イメージ）

UNIQUENESS 中身の良さをパッケージで表現しよう

私はパッケージのリニューアルにあたって、蔵の創業のいわれや、当時の三田尻港のエピソードなどをデザインに生かすためにいろいろと話をうかがいました。まず、屋号の「一馬本店」は、地域でとびきり美味しい味噌をつくることが評判になり、一番うまい味噌蔵

〜一馬（いちうま）〜と称され、今に至っているそうです。

そこで、今回のデザインのリニューアルでは、商品名「茄子のからしもろみ漬け」ではなく、味噌蔵のブランド（この辺で一番うまい＝）「一馬」をフィーチャーしました。

すると、陳列面積が増える→視界に入る→なんだろうと思って手に取ってもらえるため、新規の引き合いが増え、売上もアップ。手前味噌ではありますが、評判は上々だそうです。

第1章 いきなり手を動かさない

AFTER　ブランドのストーリーを打ち出した新パッケージ

UNIQUENESS デザインを「最初の出会い」として考えよう

第一印象で目にとまるように、次のことを意識してみましょう。

☐ 自分たちのことを知らない人に見せる（意識）

☐ 誤解されないように気をつける（戦略）

☐ 自分たちの価値を正しく伝える（戦略）

☐ 物語や由来も最初から伝える（工夫）

06　目立つ≠売れる

　第一印象はたしかに大切ですが、ただ目立てば良いかというとそんなことはありません。ポスターや商品を見た人の心を動かす必要があります。「人の心を動かす」から「実際に行動に移す」までを整理して考えます。

SINCERITY　実感するから、行動に移る

　どうしても売りたい商品があると、熱意を伝えるべく、とにかく文字を大きく目立つデザインにして「押し」がちですが、何よりも見た人にデザインのゴールに合った実感をしてもらうことが大切です（実感してもらう手法については、このあとの章で詳しくお話しします）。デザインを見た人に望んで行動してもらうよう、デザインで体験価値や共感を呼び起こしましょう。逆に、本人にその意思がないのに、大声をあげて無理に何かさせようとしても、逆効果となります。

嫌がる人に無理やり何かさせるのは難しい

体験価値や共感がデザインのキーワード

> SHARE　**共感するから、心が動く**

「プラスチックごみを捨てないでください」というポスターを例にしましょう。実際に、ある動物動画（亀の鼻からストローを引き抜くもの）が話題となり、世界中で「プラスチックごみを減らそう」という動きが大きく加速しました。

その動画には、派手な演出やグラフィックなどはありません。見た人が「共感」したから広まったのです。

目指すゴールによっては、むしろ目立たない静かな表現がインパクトを与えるということもあります。

> ACCESSIBILITY　**次のアクションを、起こしやすいか**

心を動かすことができれば、そこから先に進んでもらうアクションにつながります。募金に賛同してもらう、サブスクリプション登録をしてもらう、ディスカウントクーポンをあげて次回も買い物をしてもらう、というように、お客さんにしてほしい行動の道のりをつくっておくことを「動線設計」と言います。

この「道のデザイン」がよくないと物は売れませんし、ヒットもしません。

現在、世界中で数多くのデザイナーがこの動線設計に関わっており、心が動かされてから購買までの「道筋のデザイン」をしています。

第1章のまとめ

- いきなりデザインをつくりはじめない

- 背景・目的・環境などをしっかりと調査する

- 良い・悪いなどの判断基準となる価値観を事前共有する

- 材料をできるだけそろえる（手戻りをなくす）

- 伝えたいことを絞る

- ゴールを明確にする

- 視覚効果（告知・集客・啓蒙など）を選択する

- 情報発信の役割を明確に

- 「誰が見るのか」を具体的に考える

- 「良い」「悪い」と「好き」「嫌い」の話をごちゃ混ぜにして考えてはいけない

- 最初の出会いとして「デザイン」を考えてみる

- 目立てば売れる、とは限らない

- 共感を呼び、心を動かすデザインを考える

- 売上を伸ばすには、心が動いてから購買までの「動線」もしっかりデザインする

「デザイン力」とは？

　「デザイン」とは、単に文字や写真、イラストを並べたり何かを飾り立てる技術のことではありません。

　「デザイン」とはもともとはラテン語で、「ある方向性を持って計画を進める」という意味があり「設計」と訳されます。また、それによって「新しい意味を生み出す」というような、哲学的な示唆もその中に含まれています。

　今まで単純に「こうだ」と思い込んでいたような物事が、再度整理され、新しいもの（や形）に「デザイン」されていくことで、価値が最大化されることがあります。今すでにある形に新たな価値を見出すことがきっかけで、問題の本質をとらえ直すことにもつながります。

　たとえば、世界にも市場を切り開いた「今治タオル」ブランドの成功については皆さんもご存知かと思います。

　実は、10年ほど前になりますが、私が岡山でデザインセミナーをした際に、わざわざ今治からタオルを持って営業に来てくださった社長がいらっしゃいました。その当時、まだ、今治タオルはブランド化をはじめたばかりで、タオルブランドの「ロゴデザイン」は話題になったものの、一般消費者にしてみれば、今治タオルの飛び抜けた品質を実感している（ブランド価値を認知していた）とは言えない状況でした。

しかし、今では、販促キャンペーンやノベルティ、引き出物やサッカーチームの公式タオルなど、さまざまなシーンで「今治タオル」はその品質を評価され、ブランド品として市場に出回るようになりました。当時、営業に駆け回っていた社長も、今では、受注を受けるのに大忙しに違いありません。

タオルの品質や生産技術という点で言えば、今の状態こそが本来の正しい「今治タオル」の姿であり、その成功への架け橋として、ブランドロゴはデザインとして機能したというわけです。

いわゆるデザイナーという職種の人でなくても、自ら課題を発見し、最適化して新しい形に組み替え、そして新しい意味を見出し、解決策を導き出すためにデザインを活用できます。これはまさに「デザイン力」です。

さらに、優れた良いデザインは、最初に定められた課題の解決はもちろん、複数の課題を包括的かつスピーディーに解決し、期待を超えた飛躍を呼び起こすこともあります。つまり、コスパがよく、創造性高く、成果も上がる……、「デザインによるイノベーション」と呼ばれるものです。

最近ではデザインのツールも大きく進化し、誰もがデザインに関わる時代、ビジネスシーンをはじめ、すべての人にとってますます「デザイン力」は重要視され、求められているのです。

第**2**章

「これは違う」をまず決める

07 「これは違うよね」を決める

　良いデザインをつくるために、「これは違う」というイメージについて最初に定義しておきます。どんなデザインが良いのかについてはすぐに頭に浮かばない場合も、「間違いなく違う」ものについては、多くの人がはっきりとイメージを持っています。

UNIQUENESS デザインには、「算数のような正解」がない

　なんの指針もなくやみくもにデザインすると、「デザイン迷子」（どんなデザインが良いかつくっていてわからなくなること）に陥ることがあります。また、流行りのデザインだからといって安易に真似してしまうと、「パクリ」などと疑われてしまいこともあり、大変なことになりかねません。

　ここでは、『デザイン力の基本』という書籍の内容を実践につなげるためのセミナーが開催されると想定して、チラシのデザインをつくるため準備をしていきましょう。

①好みの偏り（女性的すぎる）
②幼い、子どもっぽい印象
③安っぽい、軽い

←こっちは違う！
　をはっきりさせる

これからつくる
デザイン？

BEFORE　　　　　　　　　AFTER

まず『デザイン力の基本』というタイトルからわかる通り、ビジネススキルの「基本（ベーシック）」を学ぶ書籍なので、たとえば「かわいすぎる印象（デザインの好みが偏っている）のデザイン」などはターゲットに合っておらず、明らかに「これは違う」となります。

また、読者の多くは、わかりやすさと同時に、切り口の新しさなど目新しいものを知らず知らずに求めています。ありきたりで目を引かないものは「違う」方向性になります。

UNIQUENESS これは違うをはっきりさせる練習（所要時間 10~20分）

- □「こうはなりたくない」を全部、書き出す
- □「こうなりたい」はあと回しにしてもいい
- □ パクリ、そっくりなものをつくらない
- □ 人を傷つけない（多様性に配慮）

無難にまとめようとしたために、目指す方向があいまいになり、デザイン迷子になって、想定外のものが出来上がってしまうということもあります。そうならないように気をつけましょう。

08 イメージボードをつくろう

「これは違うよね」がはっきりとしたら、次は「こうだったらいいな」というイメージボードをつくります。なるべく言葉は使わずに絵や写真を使ってください。

ビジュアルにすることで、言葉とは違う角度から大事なポイントを見つけることができます。

Uniqueness 「未充足」であることにフォーカスする

デザインするうえでイメージボードをつくる際には、「こうだったらいいなぁ」という場面ごとのシーンを1枚の付箋に1つずつ記載します。絵の上手、下手は関係ありませんので雑に描いてもいいですし、実際に絵を描かずに、デザイナーたちがやるように素材集を使って、写真をコラージュしていく方法でもOKです。

たとえば、「書籍の売上を上げるためのセミナー」のポスターをデザインしているとします。こうなったらいいな方式でイメージを描くと、「店頭に書籍が平積み」「売上が増えてうれしさで飛び跳ねる」となりました。写真のコラージュでは、「セミナーに参加した読者が喜んで楽しんでいる」という思いが可視化されていきます。

Uniqueness 描かれたシーンから「内なる正解」をあぶりだす

では、もしも「こうだったらいいな」というイメージボードをつくらずにポスターをつくりはじめたとしましょう。そうすると、自分たちの言いたいことだけをぎっしり詰め込んだレイアウトになり

第2章 「これは違う」をまず決める

こうなったらいいな（書籍がたくさん売れてベストセラーに！）

こうなったらいいな（集客に成功して和気あいあい。セミナーが成功する！）

かねません。「わくわく感」や「なりたい自分」といった言語で伝えにくい、つまりビジュアルであれば本来伝えることが可能な「とても大切な要素（内なる正解）」が抜け落ちてしまいます。

UNIQUENESS イメージを書き出す（所要時間 15〜20 分）

☐ 商品や販売の話ではなくて、成果や目的の話を書く
☐ イメージボードは1枚ではなくて、2枚以上描く
☐ 絵は下手でもいい。写真、素材集やフリーイラストでも OK
☐ ポジティブなイメージやその次につながるアイデアを共有する

09 ダメなデザインはあなたを困らせる

　良いデザインと悪いデザインについては、いくつかの判断の仕方がありますが、もし、そのデザインがあなたを困らせるようであれば、それは「ダメなデザイン」であると考えられます。

SINCERITY ダメなデザインは、仕事の生産性が下がる

　良いデザインであれば、それはとても気が利く優秀なアシスタントとなります。つまり、あなたの雑務が減っている状態です。一方で、造形として美しいかどうかは別として、クレームが増えたり、売上が落ちたりするものは「ダメなデザイン」です。

　機能していないダメなデザインだと、次のような問題が起こりえます。

× 読む気がしない、読めない
× 良い印象が残らない
× クレームが絶えない
× 売上が落ちる
× 人が離れていく
× 記憶に残らない
× 愛着がわかない
× モチベーションが上がらない

ダメなデザインは仕事が減るどころか、クレームの対応に追われる

BEFORE
×大事な商品情報が欠けている
×タイトルが読みにくい、読めない

AFTER
○読みやすい、わかりやすい
○視点の動きが計算されている

第**2**章 「これは違う」をまず決める

　デザインのことを「作業」と割り切って考える人や、まずはつくってから考えたいという人もいますが、つくりはじめる前に「やらないこと」「目指さないこと」を決めておくこともデザインの基本です。「あれ？　なんか最近、デザインで大変なことばかり」という人は、調査や、ダメなデザインをつくらないための合意形成など、本来、必要な準備や考えが足りない状態かもしれません。

SINCERITY **ダメなデザインにならないためには**

☐ ロゴやタイトル、文字情報はきちんと読めるように

☐ 間違った印象を与えない

☐ 視線の動きを考慮する

☐ 余計なものを入れない

☐ 全体感、一貫性を大事に

10 良いデザインは あなたを助けてくれる

　良いデザインは、あなたを助けてくれます。今日、デザインの評価については、先端性・先進性・高機能などが話題になりがちですが、昔から長く続いているデザイン、世界中で広く使用されているデザインは、誰かを助け、大きな貢献をしている場合がほとんどです。デザインの「機能面」はもちろん、「らしさ」があなたを助けてくれることも忘れずに。

SINCERITY　良いデザインは、親しみやつながりをつくる

　Twitterがサービスを開始してまだ間もないころ、ユーザー数やツイート数の急激な増加に耐えきれず、サーバーがダウンしてしまうという状況がよく起こりました。

　当時、さまざまなWebサービスが同じような状況に陥り、その多くは工事中のピクトなどが表示され、「しばらくお待ちください」などのコメントを表示させて、この事態をしのいでいました。

　ところが、Twitterは言葉によるコメントを出さず、そのような状態になってしまったとき、いつもかわいらしいクジラのイラストを表示していました。

　一般的に考えれば、サービスが使えなくなってしまうわけですから「早く回復してくれ」「何やってるんだ」などと言われそうなものですが、このイラストがあまりにかわいいために「憎めない」「しかたがない」などと親しみをもったツイートが多数流れ、当時マイナーなサービスだったTwitterをむしろPRする結果になりま

した。「愛されるデザイン」が企業の窮地を救った典型的な例です。

このように良いデザインは、お客さんの心をつかんで、良い関係性を築いてくれます。

| SINCERITY | **良いデザインの効能** |

- □ 釈明や説明が減る
- □ 仕事がラクになる
- □ 売上が上がる
- □ モチベーションが上がる
- □ やる気が出る
- □ 良い人が集まってくる

「こっちではない、こっち」で目指すデザインを浮かび上がらせる

　良いデザインは、読みやすさやわかりやすさに加えて、そのほかの多数のものから抜きん出る「存在感」や「らしさ」があります。

　そのようなデザインをつくるためには、デザインの制作過程の中では、なるべく複数の案を用意し、「これは違う」を切り捨てて、よりイメージが浮かび上がってくるものを選択します。

　何回にも及ぶ二者択一の判断を行うことで、しっかりとした軸を持ち、独自性に優れたデザインをつくることができます。

UNIQUENESS 「ディレクション」というイメージを持つ

　「デザインは、ディレクション次第」というのは、とても重要なポイントです。「ディレクション」は、政策における「指針」とほぼ同じです。「A 案がいいかな、B 案がいいかな」と迷ってしまったり、途中から横やりが入ったりしやすいのは、たいていはこのディレクションのイメージが弱い状態です。はっきりとしたディレクションのイメージがあれば、いつも正しい判断をしながら前に進むことが可能です。

UNIQUENESS 「わくわく状態」でイメージを湧き上がらせる

　引き続き、『デザイン力の基本』のセミナーのチラシを作成していきます。ゴールは、本の内容をビジネスシーンや生活の中で役立ててもらうこと。セミナーのコンセプトは「わいわい」「楽しみながら」スキルを身につけてもらうことです。難しくなりそうなもの、

わかりにくいものは遠ざけていきましょう。

　このように「感情の動き」を考慮したコンセプトをきちんと定義することは、とても大切です。元来、人間の記憶というものは感情とビジュアルがセットになって記憶されていきます。時間が経っても心に強く残るデザインの多くは、そのようにとても情操に訴えるものとなっています。もし2つの選択肢があったら、心が動く「わくわくする」デザインを迷わず選んでください。

BEFORE　×わくわくしない
　　　　×参加者の不在

AFTER　○参加したら、楽しそう
　　　　○参加者目線

UNIQUENESS　**目指すデザインを浮かび上がらせるために**

☐ ディレクションのイメージ（軸）をはっきりさせる

☐ 感情に訴えるキーワードをビジュアルとセットで共有する

第2章のまとめ

- 「こうはなりたくない」を全部、書き出す

- イメージボードには、成果や目的の話を書く

- 良いイメージはビジュアル（イメージボード）で共有する

- イメージボードの絵は下手でもいいのでたくさん描く

- イメージボードは、写真を使ってもいい

- ロゴやタイトル、文字情報はきちんと読めるように

- 間違った印象を与えない

- 全体感、一貫性を大事に

- 良いデザインはあなたを助けてくれる

- 良いデザインは釈明や説明が減る

- 良いデザインは仕事がラクになる

- 良いデザインは売上が上がる

- 良いデザインはモチベーションが上がる

- 軸をはっきりさせる

- 感情的なキーワードをビジュアルとセットで共有する

デザイン力の基本は「思考力」

現代社会において、デザイナー以外の人が「デザイン力」を学ぶことには大きな意味があると考えています。「デザイン思考」などはビジネスのツールとして、すでに注目をされていますが、経営改善や問題解決に大きく貢献できるのは、実はデザイン思考の先の「実行フェーズ」にあります。

ただ、完成形が見えているモノづくりならやりやすいけれども、答えが見えないから不安が残る、慣れていないからとまどう、結局いつもと同じ方法でデザインしてしまうということも……。

そういった環境の中で、誰でもこのデザインの実行フェーズを確実に行える方法があります。それがこの第2章で書いた「明らかに違うものを、引き離していく（答えが、今、完全に見えていなくても正解のほうに進む）」という手法です。

デザインだけでなく、ゼロベースで、かつゴールの設定が1つに定められないビジネスの課題においても、大局観を持ちながらクオリティを上げていく作業はとても重要です。これは、大掛かりなプロジェクトはもちろん、個人が部内のためにつくるチラシづくり1つをとっても、まったく同じことが言えます。

これまでにも、日本中の各地で、こういったデザイナーでない人向けに「デザインスキル向上」のセミナーを開催してきました。その後、

「あれが役に立った」という感想をいただいたりすることもあるのですが、やはり一番多いのはデザインをしていく中で「これは違う」というプロセスです。

　とくに、これからの時代は、①先に事例がないことを積極的に最初にやっていくこと、②一度はじめたことをなるべく長く継続していくことが必ず求められます。そして、この２つの要件を同時に満たす最初の要件が「これは違う」になります。
　向かってはいけない方向性がはっきりすれば、おのずと新しいアイデアやイメージが浮かんでくるものです。

第**3**章

欲張らない

12 いらないものを捨てる（分けるか、捨てる）

　デザインを自分のイメージに近づけるコツは、引き算にあります。いらないもの・かぶっているものは捨てましょう。また、一定のスペースに情報量を入れすぎると、かえって伝わりにくくなるので、分けるか、捨てましょう。

ACCESSIBILITY **情報の属性ごとにまとめて、かぶりを避ける**

　情報を丁寧に伝えようとして、次ページの左のように同じ要素が何度も繰り返し入ってしまうと、かえってわかりにくくなります。下のように項目をチェックして、かぶっている情報をはずしましょう。

・2020 / SUMMER 夏フェスタ

・本文「夏フェスタの紹介文」

・フェスの概要

・夏のイメージ（夏グッズ）　　　　　　　BEFORE
　　　　　　　　　　　　　　　　　　　　情報のかぶり
・夏のイメージ（プールで浮き輪）

・SUMMER 8/1~8/31

⬇

（1）タイトル「夏フェスタ」

（2）本文「夏フェスタの紹介文」

（3）フェスの概要（日時、場所、費用など）　AFTER

（4）申し込み先

（5）夏のイメージ

| ACCESSIBILITY | **最初に、コピー周りの要素をまとめて、整理整頓**

　デザインやレイアウトをスムーズに進めるために、情報を属性ごとにまとめ直すことを、「情報をデザインする」と言います。「情報をデザインする」ことによって、情報の属性や優先順位がはっきりとするため、作業の効率が上がり、見やすくわかりやすいデザインになります。

第３章　欲張らない

AFTER　かぶりをなくし、見やすく

BEFORE　同じような内容が何度も出てくる

(1) 魅力的にイベントを伝えるキャッチ
(2) 大まかにイベントを伝える概要文
(3) 具体的な、あるいは詳細な情報
(4) アクションしてほしい先
(5) かぶりなし

45

13 大事なほうを残す
（かぶりをなくし、引き立たせる）

　要素がかぶっているな、と感じたら、迷わず大事なほうを残します。また、「迷うくらいだったら、取る」ことを第一に心がけてみましょう。

IMPRESSION 写真やイラストは、1枚に絞って勝負する

　さきほどの「夏フェスタ」の原稿を、あるインターネットの媒体に広告掲載してもらえることになったとしましょう。最近はスマートフォンの普及で、1つの原稿がさまざまなスペースで展開されることもあります。「写真やイラストは1枚で勝負する」など、シンプルにすることを心がけましょう。

ACCESSIBILITY 写真やイラストは文字と分けておく

　写真は切り刻んだり、コラージュにしたりせず、テキストはテキストだけに分けて、いらないものをはずします（Facebook などは写真に文字が多すぎると、広告の許可が下りないことがあり、文字の大きさも太さの種類も1種類のみです）。

　すると、コンテンツはさらにシンプルになり、伝えたいことが引き立ち、視線を誘導しやすくなり、結果読んでもらえることになります。これが「情報がデザインされた状態」です。

BEFORE

ごちゃごちゃして見づらい

IMPRESSION 二次利用が簡単で、かつ印象的に展開が可能に

　情報がきちんとデザインされていると、二次利用される際もとてもスムーズにデザインできます。たとえば、ちょっとした動画のプロモーションビデオを作成する、ステッカーにして配る、コースターにしてお店で使ってもらう、バナー広告にして広告するなどの際も展開しやすくなります。

第**3**章 欲張らない

AFTER
さまざまな大きさで使ったときを、
はっきりイメージが伝わるほうが良い

2枚の「夏イメージ」から、小さい正方形の中に、決まりやすいイメージを1枚選び、もう1枚は思い切って捨てた例。すっきりと見やすい

47

14 ワンキャッチ・ワンビジュアル

　つくったデザインから、時にはいらないものを取り去ることも大事ですが、最初からフォーマットを使用し、作業を効率化することもできます。デザインとして優れ、つくり手の立場からもつくりやすい、見る側からは印象に残る、広告のレイアウトの基本である「ワンキャッチ・ワンビジュアル」（1枚の優れた絵とコピーで引きをつくる）をマスターしましょう。

IMPRESSION **要素が少なければ、レイアウトは簡単で楽しくなる**

　第1章でも解説した通り、人間の目は、1つの中心に向かって集中して見ることに優れています。つまり、たくさんのものがあちらこちらに散らばっているよりも、まとまりがあるもののほうが見やすくなります。

BEFORE

AFTER

イラストや写真でなく、キャッチコピーをメインのアイキャッチ（ビジュアル）にする場合も、この原理原則は同じです。

⑴ ワンキャッチ・ワンビジュアル（初級）→角版＋白地に文字

　ビジュアルのスペースとコピーのスペースを分けて確保します。文字は基本的に白地に打ち込みますので、左ぞろえかセンターぞろえか、などだけを気にすれば良いでしょう。文字情報の部分もわかりやすく、レイアウトも簡単にできます。

⑵ ワンキャッチ・ワンビジュアル（中級）→全面写真余白に文字

　ビジュアルのスペースの中に、文字のスペースとしての余白を確保し、コピーをレイアウトします。また、読みにくくなるので安易に文字に白フチなどをつけないようにしましょう。

　画像加工のツールやスキルは、最近はスマホのアプリや、ノンデザイナー向けのものもあるので、興味のある方は挑戦してみてください。

AFTER

「目に見える順番」と「情報の優劣」を一致させる

　ここでは、ワンキャッチ・ワンビジュアルからもう一歩踏み込んで、視線誘導の流れをデザインしてみます。魅力的な小説はコンセプトや構成が優れていますが、これは、デザインにも言えます。ただし、デザインは、コンセプトや構成をビジュアルで伝えます。

ACCESSIBILITY 優先順位が視覚化されていると、伝わりやすい

　いくら目を引いても、伝えたい内容をしっかりと読んでもらえなければ良いデザインとは言えません。右ページの広告は、目を引く→概要→詳細情報と視線の流れを意識したデザインの例です。

(1)アイキャッチ（イメージ、印象）→興味喚起

　多くの広告は読んでもらえず、興味がない人には、見てもらうことさえままならないことを念頭に置きましょう。そのような状況でも、人の記憶は「画像と感情」がセットになることで、より強い印象を与えます。そういった意味で、アイキャッチには感情に届くものを選びます。

(2)コピー（概要、概念）→説得、約束

　イラストや写真では伝えきれない、コンセプトや概要を伝えます。

(3)ロゴや詳細情報→詳細情報

　広告主や問い合わせ先、期限、日程など重要な情報をまとめます。

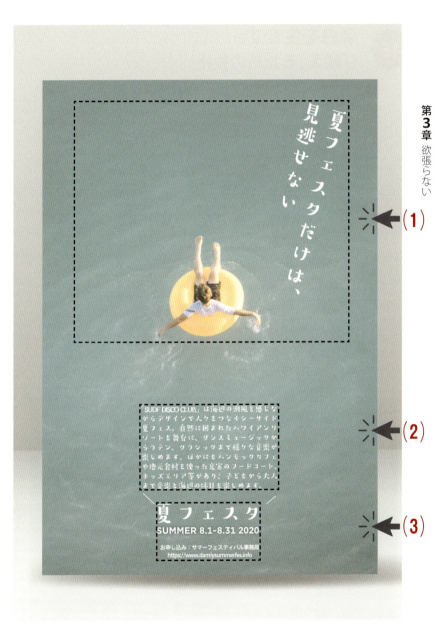

第**3**章 欲張らない

16 余白を生かす
（「映え」るための技術）

　流行語にもなった「インスタ映え」については、さまざまな解釈がありますが、ここではデザインの基本としての「映え」について見ていきます。「映え」の基本はずばり、主役をいかに引き立てるかということです。遠景と近景でつくる、主体と余白でつくる、主役を目立たせる、などさまざまな方法があります。

IMPRESSION　視線誘導の王道は、「引き算で目立つ」

　余白は、探すものではなく、つくるものです。デザインをはじめ、自身で写真を撮影する場合もチャレンジしてみてください。

　下のサンプルの浮き輪に乗ってプールで遊ぶ人は、プールのブルーの部分が多いため、抜き文字のレイアウトもしやすく、視線の誘導もしやすいです。

| IMPRESSION | **ぼかして、視覚的な情報量を減少させる**

　メインの被写体以外のピントをぼかします。焦点を被写体にのみ合わせることで効果的な「映え」をつくりながら、周辺の雰囲気や空気感も伝えることができます。最近では、スマホのカメラなどにもこういった機能がありますので、ぜひ活用してみてください。

| IMPRESSION | **周辺を暗く落とす**

　メインの被写体以外のライトを落とします。被写体にしか、ライトが当たらないことで、視点を誘導し、強い印象をつくることができます。

　広告の写真などで、プロのカメラマンに撮影を依頼する際には、スタジオでせっかく効果的なライティングをしているときに、くれぐれも周囲に余計なものを入れすぎないように注意しましょう。

第3章のまとめ

- かぶっているものがあると、わかりにくくなる

- かぶっているものは取る

- まず、コピーまわりの要素をまとめて整理整頓する

- イラストや写真は1枚に絞って勝負する

- 情報を属性ごとに分ける

- 目的や属性が同じ情報があったら、良いほうだけ残す

- フレームワーク（ワンキャッチ・ワンビジュアル）を利用する

- 優先順位は、視覚化されているとわかりやすい

- 目に見える順番と、情報の優先順位を一致させる

- 引き算で目立つと、視線が誘導される

- 余白は、つくるものである

- 何も入らない、置かない方法で余白をつくる

- ごちゃごちゃしたものをぼかして、余白をつくる

- ライティングで（周辺を暗くして）、余白をつくる

第**4**章

空気をつくる

17 どんな雰囲気にしたい（クール？　楽しそう？　やさしそう？）

　デザインをする際に、「こんな雰囲気にしたい」という思いはとても大切です。

　良いイメージを持てないまま、「こうしろと言われたから」「前もこんな感じだったから」といった受け身の姿勢でデザインを続けると、心を動かす魅力やメッセージはどんどん失われていき、本来の威力を発揮できない、力のないデザインになってしまいます。

IMPRESSION　構成は変えずに、雰囲気だけを変える

　いくら言葉で「私たちの会社はクールなんですよ」などと言っても、クールには見えません。「クールでかっこいい会社の雰囲気を表現したい」などのイメージは、言葉よりも、ビジュアルやデザインを使うことで、早く確実に伝えることができます。

　次ページにあるのは『コンプライアンス力の基本』という今までにない硬いテーマの企画を想定して、『デザイン力の基本セミナー』のチラシをもとに、雰囲気だけを変えてみたものです。まずビジネスパーソンがスーツで直立している写真を選び、直接的でダークな

BEFORE　『デザイン力の基本』セミナーチラシ

トーンに変更しました。また、にぎわいは不要で、静かで真面目な雰囲気にし、写真の背景を暗いものに差し替え、全体にかかるキャッチコピーを内容に合わせて差し替えました。

　構図や情報のまとめ方は元のものと変えていないのですが、ガラっと雰囲気が違う、「知的で硬い、ちょっと怖い雰囲気」のデザインになりました。

AFTER　『コンプライアンス力の基本』のセミナーのチラシ。構成は同じで、雰囲気を変えた

18 「なんとなく」を計画的に

　みなさんは普段の生活の中で「なんとなくいい感じ」で買ってしまった商品や「なんとなく気になって」覚えてしまった広告などはありませんか。この「なんとなく」は、人の行動原理を左右するとても大きな要因で、集客や売上にも密接に関係しています。

UNIQUENESS 　「雰囲気」や「空気感」の正体を探り、効果的に使う

　この「なんとなく○○○」という、一見、あいまいでふわっとした「雰囲気」や「空気感」について、計画的に全体戦略（グランドデザイン）をつくるクリエイティブ手法のことを、広告業界の用語で「トーン・アンド・マナー」（略して「トンマナ」）、欧米のマーケティング用語では「トーン・アンド・ボイス」などと呼びます。

　デザインで「雰囲気」や「空気感」（トンマナ）を自分の思い通

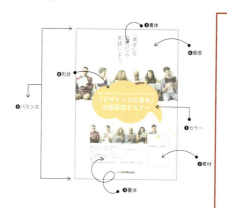

チラシを構成するデザインの要素（デザインエレメンツ）
(1) カラー（配色）
(2) モチーフ（素材）
(3) フォント（書体デザイン）
(4) テクスチャー（質感）
(5) バランス（構図）
(6) フォルム（形状）

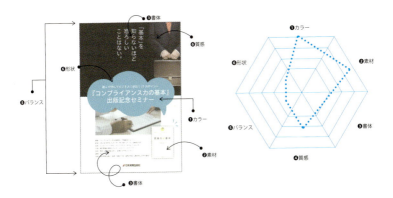

りに効果的に使っていくためには、これからつくろうとするデザインが何からできているか（前ページ右下参照）を知る必要があります。たとえば、『デザイン力の基本』のセミナーのチラシと『コンプライアンス力の基本』のセミナーのチラシの構成要素を書き出してみました。そして、大きく変化をつけた要素と、あまり手を入れていない部分を見比べます（右上のグラフ）。すると、「素材」「カラー」で差別化していることがわかります。

IMPRESSION 「雰囲気」「空気感」はデザインの最初から取り入れる

こういった世界観や雰囲気づくりについて、欧米の先端企業などでは、プロジェクトのなるべく初期段階から意識的に盛り込み、全体戦略として活用しています。

アパレルブランドやグローバルな企業などは、この「雰囲気づくり」のために、世界のトップクリエイターを高額なフィーで他社から引き抜くことまでして、確保しています。

デザインをつくりはじめる最初の段階から、「なんとなく」は計画的に意識しておきましょう。

19 カジュアルに見せたいとき

　カジュアルなデザインにすると、リラックスした雰囲気によって見えない壁を取り払い、人を引き寄せることができます。また、面白い表現やマンガチックな表現にすることで、敷居を下げてターゲット層を広げることもできます。

　カジュアルな感じにしたければ、「動きのあるレイアウト」や「手描き風のタッチ」を使うのも手です。

UNIQUENESS　カジュアルな雰囲気をつくるには

　さきほどの『コンプライアンス力の基本』のセミナーの案内チラシを、大急ぎでつくって会場となる書店の方に見せたところ、

　「うちは若い起業家やスタートアップの人も対象にしているから、もっと元気でカジュアルに。色もできれば『デザイン力の基本』のチラシと同じように明るく。あと、カジュアルでもほんわかした感じでなくて、勢いがある感じがいいなぁ」

　というリクエストがきたとします。

カジュアルな雰囲気に
（1）カラー（変えない）
（2）モチーフ（漫画に）
（3）フォント（丸ゴシックに）
（4）テクスチャー（ドットに）
（5）バランス（変えない）
（6）フォルム（放射状に）

・垂直に面分割されている構図
・アンダーな（暗めの）写真

> UNIQUENESS 「写真」を「イラスト」に替えて、空気感を変える

ひと言で「カジュアル」と言っても、さまざまな表現が可能ですが、ここでは「集客」を意識して、インパクトは残しつつ、「硬い感じ」を払拭することにしました。まず、イメージの軸になっている写真をやめて、素材サイトから動きがある漫画風のイラストを使用。そのあとに、『デザイン力の基本』のチラシとカラーリングをそろえてみました。すると、動きもあってキャッチーだけれども、カジュアルな印象になりました。

AFTER
・動きのあるレイアウト
・明度・彩度の高いグラフィック

> UNIQUENESS 発色の良い色は、集客の基本

一般的に集客や周知であれば、明るい色使いや動きがあるレイアウトは目を引きやすいです。とくに SNS などでは、寒色系より暖色系が有効とされています。

キービジュアル以外は、そのほかのシリーズと共通に

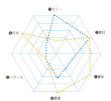

20 フォーマルに見せたいとき

　結婚式の案内状、投資家向けの事業計画書など、きちんとして見られたいデザインであれば、無駄な内容は省いて、シンプルに仕上げます。また、上質感のあるフォント（詳しくは、フォントの章を参照）を使用し、余白をなるべく多めに確保してください。

SINCERITY　品格は、余白や文字ぞろえに現れる

　特別感をデザインしたいときには、メインの情報にたどり着くまでの心理的および物理的な空間や距離感を大切にします。基本は、シンプルで丁寧に。薄紙を1枚足す、厚い紙を使う、良い封筒に入れる、クリアファイルに入れるなども効果があります。

　一見(いちげん)さんお断りの京都の割烹(かっぽう)もそうですし、美術館に展示される名画や社長室などのつくりも同じですが、大事な情報は、裸で見せず、入口からしかるべき道を通り、奥まったところに大切に置くという姿勢を見せます。

　豪華さを印刷の金箔押しなどで表現する際にも、量はあくまでも控えめに。余白は多く広くがポイントです。

大切な情報の周りには、余白を多くとる

21 「つかむデザイン」と「引き寄せるデザイン」

マーケティングの手法にも「プッシュ型」と「プル型」がありますが、デザインでも、押しの強い「つかむデザイン（プッシュ型)」と、見た人の自主的な意思決定から、つながって信頼関係を構築していく「引き寄せるデザイン（プル型)」があります。

第**4**章 空気をつくる

| IMPRESSION | 視覚における「押す」と「引く」を意識する

　ターゲットをつかんでいこうとするような勢いをデザインに盛り込む場合（プッシュ型）と、控えめな表現がかえって心を揺さぶり、自分から少しずつ近づいていきたくなるような惹きつけるデザイン（プル型）が効果的な場合があります。そのどちらかが正しいということではなく、ケースごとにどちらがいいかを戦略的に意識して使用することが大切です。これらも、「なんとなく○○○」と感じるデザイン手法の１つです。

PUSH型
はっきりくっきり見えて、わかりやすい

PULL型
よく見て、あるいは進んでみないとわからない

22 デザインの一貫性をルール化する
～トーン＆マナー～

「なんとなく」「〇〇〇っぽいイメージ」というようなふわっとしたものであっても、デザインをルール化して、商品やサービスの独自性をうまく包括できると、視覚情報から「一貫性の認知のバイアス」が生まれ、特別な存在感をつくることができます。

1回ごとにイメージをつくるケースと違い、回数を重ねるごとに、展開が増えるごとに強い存在感となります。

AISUS デザインの一貫性を保つとパターン化できる

『デザイン力の基本』セミナーと『コンプライアンス力の基本』セミナーの案内チラシをもとに、簡単なガイドラインをつくっておこう、ということになったとします。

『〇〇力の基本シリーズ』は、書籍を手に取ってくれた人が実際にそのスキルが上がること、ビジネスの現場で力を出せることがゴールです。つかみ（アイキャッチ）の部分と、読後イメージの2段階式ビジュアルという構成にして、それ以外の表現は比較的自由にしてもいいのではないか、という話にまとまりました。では、このガイドラインに沿って、ロングセラーとなっている『文章力の基本』セミナーのチラシを作成してみることになったとします。

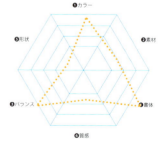

『文章力の基本』のデザインエレメンツ

フォント

視認性が高く、読みやすい。親しみやすいフォント

カラー

フレッシュで元気をもらえるビタミンカラー

AISUS 一貫性のあるデザインのルールづくりのポイント

　デザインのルールづくりで最も大切なことは、それをつくる人や使う人が便利であり、使うことで助かったり、創作を楽しめることです。何のためのルール化なのかを必ず確認しておきましょう。一貫性のルールづくりにおいては、写真やイラストのタッチについても、厳格に規定することもあります。

AISUS 一貫性のあるデザイン・ガイドラインのつくり方

☐ 目的をはっきりさせる

☐ 作業が効率化され、使う人が楽になることを目指す

☐ 守るべきところと、自由にしてもいいところをつくる

23 空気感が決まると デザインは簡単になる

　「空気感」はその言葉から、あいまいでふわっとしたものに思えますが、空気感が決まると、そのほかのいろいろな物事が決まるスピードは加速します。つまり、デザインは簡単になります。
　一方で、どのような世界観にしたらいいかわからない、あるいは、自分たちがどうしたらいいかわからずにつくり続けているデザインは、見ている人にとってもとらえどころがなく、印象が薄くなりがちです。

IMPRESSION 空気づくりからはじめるデザインの展開

　ここでは、「つかむデザイン」「引き寄せるデザイン」のそれぞれの空気感でいろいろなツールに展開してみましょう。「つかむデ

カラフルなトーン。
動きのあるレイアウト。
太めで強い文字

ザイン」(左ページ) はモチーフとカラーと明るい配色を生かし、位置や大きさなどは変えていますが、雰囲気は同じです。

「引き寄せるデザイン」(下) も、レイアウトや構成を変えても、余白をしっかりと取ると、雰囲気を統一できます。シリーズ化したいときなどに新しく写真を選ぶ場合も、目指す空気感が決まっていれば、選択にかかる時間は減り、制作の質も向上します。

今回は、モバイルの画面、小型グラフィック、ショッピングバッグのデザインで展開しましたが、目指す空気感がしっかり決まっていれば、速く、効率良く、良いデザインをつくることができます。

モノトーンの静かな世界。
余白が多め。
語りかけてこない。
文字は少なめ。小さめ

第4章 空気をつくる

UNIQUENESS 空気感をデザインに展開するときのポイント

- [ ] 1色ではなくて、配色のイメージを踏襲する
- [ ] 写真やイラストなど「素材」の質感を意識する
- [ ] 使用している書体のデザインを統一する

第4章のまとめ

● どんな雰囲気にしたいか、自分でイメージすることが大切

●「なんとなく〇〇〇な感じ」とは、視覚から脳に送られる大事なメッセージである

●「なんとなく〇〇〇な感じ」にしたいという意思決定を、作業の最初のほうに決めておく

● カジュアルでリラックスした雰囲気は、人を引きつける

● カジュアルにしたいときは動きやタッチに気を配る

● マンガチックな表現はターゲット層を広げる

● フォーマルに見せたいときは、余白が重要

● デザインにもプル型とプッシュ型のアプローチがある

●「なんとなく〇〇〇な感じ」はデザインをルール化することで、印象をコントロールできる

● 空気感があると、デザインもラクになる

●「なんとなく〇〇〇な感じ」がベースにあったほうが、デザインは早くて効率よく展開もできる

「消費者行動モデル」に空気感を取り入れる!?

広告における、消費者行動モデルの本家「AIDMA」

本書では、デザインの原理原則として、「AISUS」(筆者オリジナル)を紹介していますが、広告やマーケティングの世界には、人の行動を分析し、わかりやすいキーワードでくくられた優れたモデルやフレームワークがあります(というか、こちらがいわゆる「本家」です)。

広告における消費者モデルで最も有名なものには、1920年代にアメリカのサミュエル・ローランド・ホールが提唱して広まった「AIDMA」(下の図)があります。

広告の制作はグラフィックデザイナーにとって「花形」の舞台で、多くのデザイナーは自身のデザインスキルを「AIDMA」をもとに表現しました。つまり、当時は「Attention(＝一瞬で目を奪う感性や技術)」が、デザインについても注力されていました(1980~2000年ごろのデザインの特徴です)。

インターネット時代の特徴的消費行動モデル「AISAS」

　その後もさまざまな消費者モデルやフレームワークが登場し、主要メディアと言われた、いわゆる４マス（テレビ、新聞、雑誌、交通広告）媒体から、人々の関心がインターネットへと移り変わっていく際に注目されたのが、日本の大手広告代理店「電通」によって提唱された「AISAS」（下の図）です。

Attention 気づく　Interest 関心を持つ　Search 検索する　Action 行動　Share 共有

　このモデルでは、共有された情報がさらに検索されるという循環型が追加され、インターネット型消費の特徴でもあるロングテールと結びついていきます（「AISAS」後も電通からは「SIPS」など、新しい消費者モデルが発表されています）。

　ちなみに、本書でデザインの原理原則とする「AISUS」の場合は、「Share（共有）」から、「Impression（映え）」となって拡散されるところが大きな違いになります。また、「Uniqueness（独自性）」はブランド戦略などのキーファクターとして、事業拡大などいわゆる横展開につながります。これらは私が、マーケティングの専門家ではなく、「デザイン・ガイドライン」などをはじめ事業拡大のデザインのシス

テム化の開発担当をしていたことが関係しています。デザインのシステム化は、世界中の多くの企業、自治体で注目されるブランディングのソリューションでもあります。

リアルな消費行動も包括するマーケティング4.0モデル「5A」

この「AISAS」と比較的近く、かつネット上だけでなく、リアルな消費行動モデルについて言及されたのが「現代マーケティングの父」と呼ばれるフィリップ・コトラーによる「5A」（下の図）です。

特徴的なものは、「Adovocade（推薦する）」ですが、ただシェアするだけではなく、その行動に倫理感や信頼感を伴っています。

つまり、なんでもかんでも、シェアするというわけではなく、購買も含めた行動そのものが、何かしらの意思表明につながるという現代社会の特徴的な購買活動が付加されています。

ノンデザイナーでも使える、デザインのシステム化「AISUS」

最後になりましたが、本書で登場する「AISUS」についてです。これは、今までに紹介した消費者行動ととらえることも可能ですが、私がブランドデザインの実務で携わっている戦略モデルでもあります。

企業やブランドの「デザイン・ガイドライン」などを作成する専門家であれば誰もが知るところなのですが、その中心にあるのは信頼（哲学や行動指針）であり、これが「デザインの空気感」の基準をつくります。

「AISUS」は、読みやすく、わかりやすく、伝わりやすく、オリジナリティの高いデザインをつくる指標となります。

第 **5** 章

適切な「フォント」を選ぶ

24 基本は明朝体とゴシック体

　ビジネスシーンでは、見やすさ、読みやすさという点で、書体は「明朝体」か「ゴシック体」を使うのが基本です。明朝体は情緒的に使用する、ゴシック体は機能的に使用する、と考えてもかまいません。
　また、面白いフォントや変わったフォントを理由なく使うことは、コミュニケーションの幅を狭めることと同義であり、おすすめできません。書体は可読性と汎用性を最優先に考えましょう。

SINCERITY ポップ書体・デザインしすぎのフォントを使わない

　ビジネスシーン（飲食店のPOPなどは除きます）では、ゆるい印象を与えてしまうポップ書体やデザインの過剰な書体の使用は極力避け、フォントメーカーおよび正規ベンダーが提供する「明朝体」と「ゴシック体」を使ってください。

　ゴシック体は、縦棒横棒の線の太さがほぼ同じで、飾りがなく、ビジネス書類やカタログの見出しなどに向いています。明朝体は縦の線の太さが横線より太く、習字などで言う「ハネ」や「止め」を感じる装飾がついており、情緒的なアプローチが可能になります。

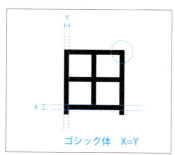
ゴシック体　X=Y

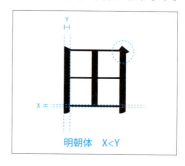
明朝体　X<Y

BEFORE デザインされた文字は避ける

AFTER ビジネスシーンでは、明朝体やゴシック体を使う

「ハネ」や「止め」の効果で、視線の移動が少しゆっくりになるため、キャッチコピーなどで使用する際には、情緒的に読ませる効果があり、読後感に変化が表れます。

　ポップ書体などを多用する人の多くは、「親しみやすさ」を求めているのかもしれませんが、「親しみやすさ」は書体で伝わらないことのほうが多いです。読む人にとって、いちばん大事なことは、見やすさ、読みやすさ。その点、パッと目に飛び込んでくるのは、ユニバーサルなデザイン（UDと言います）のゴシック体でしょう。もし、どうしてもという条件がなければ、とくにビジネスではゴシック体を使用しましょう。

UNIQUENESS **フォント選びは、コミュニケーション戦略**

「明朝体」と「ゴシック体」と言っても、それだけでもかなりの種類があります。デザイナーでなくても、意思を持ってフォントを選べるように、いくつかおすすめのフォントを紹介します。

おすすめのフォントのすべてのウェイトを紹介することは紙面のスペース的に難しいので、次のページに見出しに向いているフォントとしてボールド（太め）を、本文に向いているフォントとしてレギュラー（中くらい）を掲載しておきます（筆者のチョイスで、左から順に無難な選択と思われるラインナップを掲載しました）。

また、ここに載っていないフォントでも、使いやすいフォントはたくさんあります。悩んだときのために、フォント選びのポイントを挙げておきますので、ぜひ参考にしてみてください。

SINCERITY **フォント選びのポイント 10 か条** （どれか該当すれば OK）

1　明朝体か、ゴシック体である

2　視認性にすぐれたデザイン（UD フォント）である

3　さまざまな場所、シーンで使える

4　さまざまな太さがあり、文字の格納数も多い

5　開発元、あるいは販売提供元がしっかりしている

6　フォント専門誌、ポータルサイトなどで評価を受けている

7　フォントエバンジェリストなどがおすすめしている

8　フォントカンファレンスなどで受賞している

9　信頼できるデザイナーが使用している

10　時代を超えて愛され続けている

第5章 適切な「フォント」を選ぶ

ゴシック体（小塚ゴシック）
一流は「身だしなみ」で人生が変わることを知っている

ゴシック体（太ゴ）
一流は「身だしなみ」で人生が変わることを知っている

ゴシック体（見出しゴシック）
一流は「身だしなみ」で人生が変わることを知っている

ゴシック体（新ゴUD）
一流は「身だしなみ」で人生が変わることを知っている

ゴシック体（MB101）
一流は「身だしなみ」で人生が変わることを知っている

明朝体（小塚明朝R）
一流は「身だしなみ」で人生が変わることを知っている

明朝体（ヒラギノ明朝W3）
一流は「身だしなみ」で人生が変わることを知っている

明朝体（太ミン明朝）
一流は「身だしなみ」で人生が変わることを知っている

明朝体（リュウミン B・KL）
一流は「身だしなみ」で人生が変わることを知っている

明朝体（見出し明朝MA31）
一流は「身だしなみ」で人生が変わることを知っている

25 ビジネスでの味方はサンセリフ（Sans-Serif）

　簡潔でわかりやすい文章表現が伝わるように、フォントも余計な線や装飾、変形を加えないことが好ましく、とくに理由がなければ、ビジネスでは品質の良いゴシック体を優先して使いましょう。

　英文のゴシック体は、正式には「サンセリフ（Sans-Serif）」と呼ばれます。また、英語表現は日本語フォントの英文を使用せず、「欧文フォント」を使用するのが基本です。

SINCERITY　英語は必ず、欧文フォントを使用する

　最近ではタイトル文字に英文を使用したり、新しいサービス名を英単語でスタートさせることも多くなりました。とくに、海外の企業と取引があるビジネスパーソンであれば、英語の資料を作成する機会も多くなってきています。

　その際、日本語のフォントで英語のデザインをしないようにしましょう。英文の資料デザインであれば、欧文フォントを使用します。

Gill Sans（すべての文字のバランスが良い）

新ゴ Pr5（R、C、S などのデザインバランスに問題あり）

UNIQUENESS ヒューマニスト（人間的）とジオメトリック（幾何学的）なデザインを意識する

また、欧文書体は、書体とデザインが訴求するイメージがリンクしています。ビジネスでは**ヒューマニスト Humanist**（人間的なデザイン）＝ローマン体を骨格に持つサンセリフと、**ジオメトリック Geometric**（丸や四角など幾何学デザインを骨格に持つ）サンセリフの2種類を覚えておいてください。

Humanist Sans-Serif の骨格 (ローマン体のエッセンス＝赤い破線)
Geometric Sans-Serif の骨格 (幾何学的なデザイン＝青い破線)

UNIQUENESS ヒューマニスト・サンセリフ

ヒューマニスト系サンセリフのフォントとして有名な Gill Sans は、イギリスの国営メディア BBC や、高級車メーカー Rolls Royce、BENTLEY などに使用されています。

Frutiger は、視認性を重視して開発され、フランスシャルルドゴール空港のサインのフォントとしても有名です。

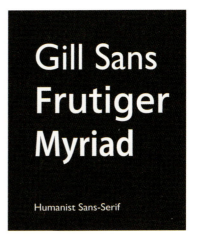

第5章 適切な「フォント」を選ぶ

Gilroy
Avenir
Gotham

Geometric Sans-Serif

UNIQUENESS **ジオメトリック・サンセリフ**

　ジオメトリック系のフォントとして有名なのは Louis Vuitton などが使用する Futra のほか、Avenir、Gotham など多数ありますが、テクノロジー企業の多くも、幾何学的なデザインのフォントを開発し、現代的なイメージを訴求しています。

　右のサンプルは、もしも Google や Uber などのテクノロジー企業が、ヒューマニスト・サンセリフのボールドを使ったら、という実験です。……なんだか、もっさりしていて、アナログ感が漂います。

　つまり、その逆もありで、伝統的で重厚感のあるブランドが、ジオメトリック・サンセリフを使用したら、軽いイメージになってしまって、信頼性が欠けた印象に……、なんてことになるのです。

**Google MAP
Uber Eats**

**Humanist Sans-Serif
Frutiger Black**

Google MAP
Uber Eats

Geometric Sans-Serif
Gilroy Light

Gill Sans Regular

ABCDEFGHIJKLMNOPQRSTUVWXYZ
abcdefghijklmnopqrstuvwxyz1234567890

Frutiger Book

ABCDEFGHIJKLMNOPQRSTUVWXYZ
abcdefghijklmnopqrstuvwxyz1234567890

Myriad Semibold

ABCDEFGHIJKLMNOPQRSTUVWXYZ
abcdefghijklmnopqrstuvwxyz1234567890

Gilroy

ABCDEFGHIJKLMNOPQRSTUVWXYZ
abcdefghijklmnopqrstuvwxyz1234567890

Avenir Regular

ABCDEFGHIJKLMNOPQRSTUVWXYZ
abcdefghijklmnopqrstuvwxyz1234567890

Gotham Bold

ABCDEFGHIJKLMNOPQRSTUVWXYZ
abcdefghijklmnopqrstuvwxyz1234567890

本章に登場した、ヒューマニスト・サンセリフのフォントとジオメトリック・サンセリフのフォント見本

「高級感」が出るセリフフォント（Serif）

　高級感がもともとあるフォントを使用すると、デザインにも高級感が出ます。ブランドやハリウッド映画のタイトルで非常によく使用されるフォント「Trajan」は、「セリフ体」という日本語で言えば、明朝体にあたる「セリフ」のついたフォントデザインです。「Trajan」に限らず、私たちの身の回りの高級感があるデザインの多くは、「高級感があるフォント」を使用しています。逆に、デザインの素材で高級感を出そうとしても、フォントのクオリティが低いと、高級感は失われます。

IMPRESSION　ロゴによく使われる Trajan

　次ページの例は、メーカーによってはマック OS などにもプリインストールされている「Trajan」という書体を使用して、「GODIVA（ゴディバ）」と「NICHIJITSU（ニチジツ）」というフォントを組んだ見本です。

　「NICHIJITSU」は、本書の出版社である、日本実業出版社の通称で、試しに「Trajan」というフォントで組んでみると、なんと

```
TRAJAN PRO

ABCDEFGHIJKLMNO
PQRSTUVWXYZ
1234567890#$&?!
```

GODIVA

Trajan というフォントを使用して、文字組みをした「GODIVA」

NICHIJITSU

Trajan というフォントを使用して、文字組みをした「NICHIJITSU」

もドラマチックな、重々しい雰囲気が醸し出されることがわかります。

　Trajan をはじめ、高級感が出るフォントについて、そのポイントを挙げておきます。

IMPRESSION 高級感のあるフォントのポイント

1　伝統を感じる、古くからある書体デザイン

2　デザイナーの名前がわかっていて、書体にストーリーがある

3　何度も微調整やアップデートが行われている

4　有名ブランドや公共の施設で使われている

5　フォントの書籍やフォント業界でオススメされている

6　信頼できるデザイナーがよく使用している

7　有償である。あるいは OS などに付属されている

　このように、フォントを変えただけで、大きく印象は変わります。多くのグローバルブランドが、ロゴのリデザインに合わせて、ブランドフォントの見直しを行っています。マイクロソフトやソニー、

Googleなどは自社専用のデザインフォントを開発し、所有しています。

　フォントについて詳しく知りたい場合は、フォントに関する書籍やフォントのサイトも参考になります。開発側が出している見本帳的な書籍、評論家やデザイナーが解説している書籍があるので、解説等を参考にしてみてください。

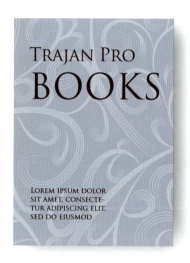

次のページにTrajan以外の筆者のおすすめのフォント一覧を掲載しておくので、参考にしてみてください。

Trajan
☐ 歴史的、神話的なイメージ
☐ 高級感
☐ 本文には向かない

IMPRESSION　高級感のあるフォントを探すポイント

☐ 書籍やサイトで、フォントのストーリーを読む
☐ 専門家（推薦者）のコメントを読む
☐ myfonts.comなど信頼がおけるサイトで選ぶ
☐ 無料のフォントを使用する際は、デザイナーや専門家などに選んでもらう

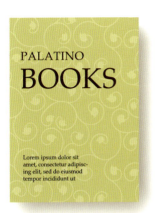

Palatino

ABCDEFGHIJKLMNO
PQRSTUVWXYZ
1234567890#$&?!

- ☐ 上品で洗練されている
- ☐ シャープである
- ☐ 本文にも使える

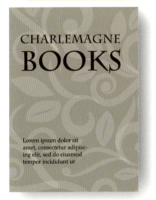

CHARLEMAGNE

ABCDEFGHIJKLMNO
PQRSTUVWXYZ
1234567890#$&?!

- ☐ 寓話的なイメージ
- ☐ 癖がある、人間的
- ☐ 本文には向かない

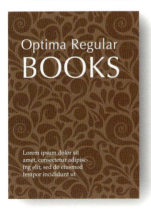

Optima Regular

ABCDEFGHIJKLMNO
PQRSTUVWXYZ
1234567890#$&?!

- ☐ 落ち着きがある
- ☐ 上品で、サンセリフ的にも使える
- ☐ 本文にも使える

第5章 適切な「フォント」を選ぶ

カジュアルにしたいけど安っぽくしないコツ

　デザインにあまり詳しくない人が、フォントでカジュアル感を出したいときには、ウェイト（太さ）を太くするか、文字組みに遊びを入れてみましょう。また、スクリプト体（筆記体）のフォントを普通に組むというのもおすすめです。

IMPRESSION　文字組みで印象を変える

　ビジネスでは「明朝体」と「ゴシック体」がおすすめという話をしたので、まずはこの2つの書体でカジュアル感を出す方法です。高級感のあるフォントで紹介した「Trajan」を使用して、カジュアル感を出してみましょう。下の例はカジュアルにしたいけど安っぽくしたくない、ということを意識しました。

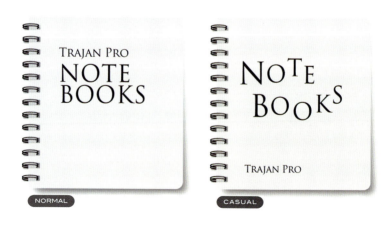

また、フォントは細いほうがエレガントで、太いとカジュアルに見えるという特徴があります。もしも企業やブランドのフォントが決まっている場合、太くするとイメージはカジュアルになります。逆に、イメージを今風に洗練させたい場合は、同じフォントの Lite や Thin などにすると一気にエレガントになります。

フォントそのものでカジュアルな印象を与えるほうが、はずすことは少なくなります。一方で効果は予測しづらいですが、面白そうな書体や変わった書体を使うと、はまれば狙い通りの印象を与えるでしょう。

28 フォントは種類でなく、「ウェイト」を使いこなす

　ウェイト（weight）とは、フォントの太さのことです。フォントの種類にもよりますが、人気があるフォントであれば、「ライト（Light）」「レギュラー（Regular)」「メディウム（Medium)」「ボールド（Bold)」「ブラック（Black)」などがそろっています。

Uniqueness　まとまり、読みやすさがレベルアップ

　紙面の中にたくさんの種類のフォントがあると印象が散漫になってしまい、記憶に残りづらくなります。たとえば、「タイトルはゴシック体、本文は明朝体、電話番号とお問い合わせ先はポップ書体」などとたくさんの書体を使うことで、フォントを使いこなしているように誤解している人もいます。シンプル・イズ・ベストで、同一書体でそろえ、ウェイトを使いこなすと読みやすく、統一感も出ます。

Helvetica Family

Thin
ABCDEFGHIJKLMNOPQRSTUVWXYZ

Light
ABCDEFGHIJKLMNOPQRSTUVWXYZ

Regular
ABCDEFGHIJKLMNOPQRSTUVWXYZ

Medium
ABCDEFGHIJKLMNOPQRSTUVWXYZ

Bold
ABCDEFGHIJKLMNOPQRSTUVWXYZ

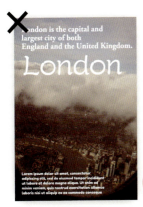

フォントの種類を使いすぎ

LIGHT

BOLD+REGULAR

ここでは、Gilroy というジオメトリック・サンセリフのポピュラーなフォントを使い、細い書体を使用したものと、太い書体を使用したものでデザインをつくってみました。印象を見比べてみましょう。どちらもフォントを使いすぎているものよりも、すっきりとまとまっています。前項でも述べたように、フォントが太いものは少しカジュアルに見える傾向があり、細いフォントで統一されたものは洗練された印象になるという特徴がわかります。

また、同じフォントを使用する場合、太いウェイトは同じフォントの細いものよりも小さく見える錯視があります。

太い文字は、同じフォントの細いものよりもサイズが小さく見える

第 **5** 章 適切な「フォント」を選ぶ

89

29 フォントは「ファミリー」で使う

　フォントのさまざまなスタイルのバリエーションを「フォントファミリー」と呼びます。ノーマルなものに加えて、細長いデザインを「Condensed」、斜めのものを「Italic」と呼びます。一般的ではありませんが、「Inline」や「Stencil」などさまざまなデザインがあります。フォントを使ううえで大切なのは、なるべく変形（長体、平体、斜体）しないことです。

ヒラギノ角ゴシック

ヒラギノ角ゴオールド Std W6
私わたくしはその人を常に先生と呼んでいた。

ヒラギノ角ゴF Std W6
私わたくしはその人を常に先生と呼んでいた。

ヒラギノUD角ゴ StdN W6
私わたくしはその人を常に先生と呼んでいた。

ヒラギノUD丸ゴ StdN W6
私わたくしはその人を常に先生と呼んでいた。

ヒラギノUD角ゴF StdN W3
私わたくしはその人を常に先生と呼んでいた。

ヒラギノUD丸ゴ StdN W3
私わたくしはその人を常に先生と呼んでいた。

ヒラギノ角ゴシックW1
私わたくしはその人を常に先生と呼んでいた。

ヒラギノ角ゴシックW2
私わたくしはその人を常に先生と呼んでいた。

ヒラギノ角ゴシックW3
私わたくしはその人を常に先生と呼んでいた。

ヒラギノ角ゴシックW4
私わたくしはその人を常に先生と呼んでいた。

ヒラギノ角ゴシックW5
私わたくしはその人を常に先生と呼んでいた。

ヒラギノ角ゴシックW6
私わたくしはその人を常に先生と呼んでいた。

UNIQUENESS **「らしさ」が完結**

　本章の冒頭部分で、視認性に優れたフォントについて触れましたが、たとえば、ある企業のサービスの開始当初にポスターやチラシをつくり、そのサービスが好調で事業を拡大し、新たにポスターやチラシをつくることになったとします。そういったときも、もともとファミリーが豊富な書体を選んでいれば、それまでのイメージを壊すことなく、さまざまなシーンで展開できます。日本語と中国語（簡体

中文、繁体中文）と同じデザインのフォントを使用すれば、グローバルでのイメージも統一感が出ます。

　まずは、読みやすい、アクセスしやすいということが、フォント選びのポイントです。フォントはデザインするうえで重要な表現の要素です。

フォントの種類を使いすぎている　　　　Futura Family で統一して使用

日本語と英語のマッチングも重要

30 フォントで「表現」しようとするな

フォントの使い方に慣れていない場合は、フォントで「表現」をしないようにすることが肝心です。写真やイラスト、構図、空気感などでデザインをして表現しましょう。

UNIQUENESS フォントはディテールではなく、全体で見る

アメリカ合衆国のニューヨーク州に本拠を置く食材チェーン大手「ディーン・アンド・デルーカ（Dean & DeLuca）」は、「Copperplate Gothic（カッパープレイト・ゴシック）」というゴシック体を使用していて、トートバッグやギフトセットは女性に高い人気があります。

たとえば、この、「Copperplate Gothic」をブランド名に使用して新規事業を展開したいと考え、日本実業出版社の新しいコミュニティスペース「NICHIJITSU & CO」を展開するとしてみましょう。そこで、フォントを組んでみた結果、次のページのような感じになります。まるで、「ディーン・アンド・デルーカ（Dean & DeLuca）」のコピーブランドのようです。

たとえ、コピーをしたいという気持ちがなく、かつ知的財産権上の問題がなかったとしても、強い印象のある人気ブランドの真似をしたように思われるのは得策ではありません。むしろこの場合、特徴的すぎないゴシック体を使用したほうが、個性が引き立つでしょう。

DEAN & DELUCA

COPPERPLATE GOTHIC

NICHIJITSU & CO

COPPERPLATE GOTHIC

「○○な感じのデザイン」は、それらしいフォントを探して使用すればなんとかなるように思われるかもしれません。ところが、そのフォントのデザインが、すでに有名なブランドやショップのイメージとして定着していたとしたら、せっかくつくったデザインのイメージは、先行（すでにある）のイメージに引っ張られてしまいます。

| SINCERITY | **特徴的すぎるフォントを使う弊害**

× すでにあるイメージに引っ張られる

× 流行り廃りがあり、長持ちしない

× 主体の印象が弱くなる

第5章 適切な「フォント」を選ぶ

第5章のまとめ

● ゴシック体か明朝体を基本に考える（日本語）

● セリフ体かサンセリフ体をなるべく使う（英語）

● 読みやすさ、使いやすさ重視のゴシック体

● 明朝体は情緒豊かで、小説や論文など長文に合う

● ヒューマニストタイプとジオメトリックタイプを意識する

● 高級感が出るフォントは加工せずにそのまま使う

● 高級感が出そうなフォントのポイントを知る

● カジュアルな雰囲気にするときも、できれば、基本のフォントを使う

● フォントの太さ（ウェイト）の違いを理解して使う

● フォントはファミリーが多いもののほうが展開が広がる

● フォントで表現しようとしすぎない

書ききれなかった、フォントの話。

ゴシック体の横画は、縦幅より実は細い!?

　ちょっとマニアックな話になってしまいますが、ゴシック体の縦横は、正確に言うと、同じではありません。見た目ではほとんど気づかないくらい横画(おうかく)のほうが、若干、細くなっています。では、なぜそのようなことになっているのでしょうか？

　人間の目には「錯視」と呼ばれる現象があり、もし同じ太さだと、微妙に横画が太く見えてしまうのです。

錯視で、横画が太く見える

　つまり、ゴシック体について正確な表現をしようとするならば、「縦横が見た目で同じ太さ」あるいは「明朝体と違って、横画が縦と同じ幅に見えるようなデザイン」と言えるかもしれません。

ジオメトリック・サンセリフは、幾何学的でない!?

同じような錯視に対応する微調整は、欧文フォントにも随所に見られます。すべてをここでご紹介できないのですが、たとえば右のGのデザインの元になっているはずの正円は視覚補正してあり、「見た目で」正円に見えるように調整されています。

サンセリフのフォントデザインはいろいろ

デザインの違いや選びやすさを重視して、本書ではヒューマニスト・サンセリフとジオメトリック・サンセリフを紹介しましたが、古くから使用されるスタンダードなものから、最近になって開発されたものまで、優れたデザインのフォントはたくさんあります。フォントを選ぶための専門書などもありますので、気になった方はぜひチェックしてみてください。

Franklin Gothic Demi
ABCDEFGHIJKLMNOPQRSTUVWXYZ

グロテスク・サンセリフ
Franklin Gothic（フランクリン・ゴシック）

Helvetica Regular
ABCDEFGHIJKLMNOPQRSTUVWXYZ

ネオ・グロテスク（リアリスト）サンセリフ
Helvetica（ヘルベチカ）

Rockwell Regular
ABCDEFGHIJKLMNOPQRSTUVWXYZ

スラブ・セリフ
Rockwell（ロックウェル）

AVIANO SANS
ABCDEFGHIJKLMNOPQRSTUVWXYZ

幅広のジオメトリック・サンセリフ
Aviano Sans（アビアノ・サンズ）

筆者のフォントフォルダから。サンセリフのいろいろ

第**6**章

「色数戦略」と
「王道の3色ルール」を
使いこなす

31 色は選ぶ前に「戦略」を決める

　色を選ぶのは認知度や売上に関わるとても大切な視覚要素のため、何も考えずにいきあたりばったりだと、あとで大変です。

　ここでは、色を選ぶ前に決めておきたい「基本の色数戦略」について解説します。どのような方針で色を選び、どのように使っていくか、また、色数を少なく絞るか多く使うかなどは、最初に考えておきましょう。

UNIQUENESS **（1色戦略）メインカラーを中心に、印象を訴求する**

　「1色訴求」とは、その名の通り、メインの色を中心にしたイメージ戦略で、その世界観のすべてをメインカラーの印象に委ねます。身近な例だと、コカ・コーラやJR、ポカリスエットなど。また、Tiffany（ティファニー）ブルーなどに象徴されるブランドのキーカラーによる展開は、まさに「1色訴求」の王道と言えます。シンプルで簡単そうに思えますが、大手などがすでに浸透させて

全体がキーカラーのイメージ。あるいは、白地にポイントとしてキーカラーが強調される

いるカラーを後発が使用する場合、難易度は高くなります。

UNIQUENESS （バズカラー）特徴的な2～3色の組み合わせ

「バズカラー」は、2～3色の印象的な配色で、キーカラーに対して異なる色相のサブカラーを組み合わせてインパクトを出す訴求表現です。身近な例としてはIKEA（イケア）、Tully's（タリーズコーヒー）、BURGER KING（バーガーキング）、BaskinRobbins31（バスキンロビンス）などがあります。独自の世界観を表現しやすく、印象的な店舗演出やグッズ展開などもしやすくなります。

家具やインテリアもロゴとなじんだカラーで統一されるタリーズコーヒー

単体の色はオーソドックスなものでも、組み合わせで、独特の世界観が演出できる

色相、あるいは彩度などに配慮して、バランス良く多数の色を抽出。加減の変化にも対応

UNIQUENESS カラーパレットは４色以上から用途に合わせて適宜使用。新しいサービスが増えても OK

「カラーパレット」とは、多数の色の組み合わせからなり、サービスやブランドが増えたり減ったりする場合、パレット自体の色数も増減させて対応するものです。

キーカラーは赤（と決められていますよ）というような限定的な CI の従来の考え方を払拭した、比較的新しいデザインの概念で、ロゴやカラーが動的に拡張することから「ダイナミックアイデンティティ」とも呼ばれます。

自由で汎用性があり、同じブランド内のサービスであることを「色」で示すことができます。代表的なものに Google が提供する各種サービスのアイコンがあります。
たとえば、Gmail は Google の「o」の赤い色、Google 翻訳は「G」のブルーを使用しています。

また、Microsoft社はもともと持っているパレットに微調整をしつつ、取り入れています。たとえば、Microsoft社が提供するチャットサービス「Skype（スカイプ）」のロゴは、以前のブルーを若干暗く修正し、ほかのサービスとなじむようにしています。
　パレットの考え方があれば、企業買収などでサービスが増えた場合にも、新しくグループに加わった会社ブランドの「らしさ」を踏襲しながら、系列であることもコミットすることが可能なのです。

Microsoft Office はアイコンのデザインの一新を発表（Medium Blog）

32 らくちん・センス良くの「王道の３色選び」

　色選びは難しく考えすぎたり、逆にいいかげんにしたりしてもまとまりがつかなくなりそうですが、「王道の３色選び」で考えれば、簡単にセンス良く、自分らしさも表現できます。

　「王道の３色選び」とは、❶地色（紙色・地色）＋❷文字色（特別な事情がなければ黒、あるいは濃いグレー）＋❸ポイント色（差し色・アクセント）の３色で構成する方法です。

SINCERITY 「シンプルで美しい配色」を目指せ

　気合いを入れてがんばろうとするあまり、いろいろな色を使ってしまい、ごちゃついたり、見づらくなるケースをよく見かけます。色は「シンプルで見やすく、美しく」を目指しましょう。❶地色、❷文字色、❸ポイント色の３色で考えていくと簡単で失敗しません。

IMPRESSION 落ち着きを感じさせる「大人の配色」

　右は写真とテキストが多い一般的な冊子です。落ち着きを表現するなら、「深みのある」「彩度の低い」ポイント色を選びましょう。

左から❶地色、❷文字色、❸ポイント色

102

左から❶地色、❷文字色、❸ポイント色

ACCESSIBILITY 色数は絞ったほうがまとまりが出る

ビジネスシーンに登場するグラフや表なども、色数は少なく絞ったほうがまとまります。❶地色は紙色、❷文字色をグレーに、❸ポイント色はビタミンカラーの代表のオレンジにしています。ポイント色を1色に絞ったことで、むしろ主題に視線が流れるような構造になっています。

UNIQUENESS 印象的なプレゼンを目指すなら「地色」をユニークに

次はプレゼンのシートの配色例です。強烈な印象を残すためには、あえて、❶の地色を濃いグレー、❷の文字色を白か薄いグレーにすると、グローバルなデザインカンファレンスで見かけるような印象深いものになります。

やっていることは、❶と❷を反転しているだけなので、前の2つがクリアできれば、決して難しくはありません。ぜひ、チャレンジしてみてください。

左から❶地色、❷文字色、❸ポイント色

第6章「色数戦略」と「王道の3色ルール」を使いこなす

103

33 主役カラーの決め方

「王道の3色選び」のポイント色や1色戦略の主役になる色（＝キーカラー）を選ぶ際には、「間違えられてはいけない」方向を意識しましょう。たとえば、

❶自分がいつも掲げている「ビジョンやコンセプト」
❷商品やサービスの中にあるストーリー
❸「日本の伝統色」など文化に根づいた色見本帳

などから、「世界観」を決めていきます。
また、主役の1色を決める際にも、いきなり絞り込んで考えず、ドラマのキャスティングのように、**相性の良い脇役も含めた世界観がしっくりくるかを考えましょう。**

SINCERITY　キーカラーは「ビジョン」から選べ

下は実際にある会社のキーカラーを決める際に作成した、イメージボードです。時代に沿った変化と成長を掲げ、現場の若返りなどをテーマにしている建設コンサルティング会社で、ビタミンカラーと呼ばれる鮮やかで明るい配色で構成しました。ここでも「王道の

ビタミンカラーと言われる FRESH な配色。若返りや柔軟性をイメージさせる

3色選びルール」を適用しています。こちらの会社は、ロゴを新しくしてから、社員の発言や取り組みに変化が現れたそうです。それは、柔らかい発想や若々しさを大切にするといった「カラーのコンセプトの方向」と重なる変化でした。

IMPRESSION 世界観をつくりたいなら「物語」をカラーパレットに

私自身がデザイン部門のチーフを務めている人材開発・育成会社では、当初、サービスのロゴづくりを依頼され、ヒアリングを開始し、さまざまなイメージボードを作成しました。そしてビジョンやコンセプトのもとになる「会社のルーツ」を掘り下げていったとこ

都会的でクールでありながら、人の営みを感じさせる URBAN

ろ、同業他社とは明らかに異なる「強力な会社の強み」や「差別化のポイント」が浮き上がってきました。そして、この色やイメージから、新しいビジネスのアイデアまで浮かんできたのです。

　一般的に、データや資料から生み出されたものは、論理的・左脳的な傾向が強く、既存の成功事例に近い追随者的発想になりがちです。たとえば、今年の流行色だからと安易にブランドのキーカラーを選んでしまわないようにしましょう。また、「間違えられてはいけない」競合会社がすでに1色戦略などでそのカラーを使用していた場合、その会社でしか伝えられない独自のブランドのリソースを伝える機会を失ってしまいます。

Uniqueness 戦略は「色見本帳」を眺めると、イメージが湧く

　デザイナーやカラーコンサルタントに相談しなくても、上手にキーカラーを選べる方法は、「色見本帳」を利用することです。

　私の依頼主の日本橋にある司法書士事務所では、リブランディングの際に、日本の伝統色という見本帳を見せたところ強い関心を示したため、それをもとに、会社の「カラー戦略」の相談を受けました。

　選んだ色の1つは「紫水晶」という洋名がアメジストで「パワーストーン」としても知られており、この事務所の潜在的な強みとマ

日本の伝統色からのラインナップ。一番左が「紫水晶」

ッチしました。色の名前は「紫水晶」ですが、実際にはあまり冷たさを感じない薄いグレーで使いやすく、堅苦しくなりすぎない印象と不思議な包容力があり、その会社の伝えたいイメージともマッチしていました。

　「日本の伝統色」以外にも、「フランスの伝統色」をはじめ、書店で探せばさまざまな色に関する書籍があります。また、流行色など色にまつわる情報を発信している色見本帳メーカーの「PANTONE」では、カラーリストがテーマに沿って提案するカラーパレットをCMYK、RGB、WEBカラーなどで公開しています。

さまざまな「色」や「色のある暮らし」を提案するPANTONEのサイト

34 サブカラーは機能的に選ぶのがポイント

キーとなる色が決まったら、サブカラーを選びましょう。キーカラーは「世界観」や「ビジョン」の可視化だったのに対し、サブカラーは「視認性」「補色」などのように機能的に選びます。

ACCESSIBILITY 見やすさ・わかりやすさが最優先の「地色・文字色」

キーカラーに対して、サブカラーを選ぶ際も、必ず最初に地色❶と文字色❹を決めます。サブカラーは、見やすさ、わかりやすさを最優先して選びましょう。

キーカラー

❶キーカラーをキーカラーとして認識させる「ベース色」
❷キーカラーが映える色
❸キーカラーが映える色
❹キーカラーを使用した際に、視認性を確保できる文字色

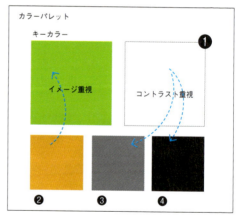

IMPRESSION キーカラーを補完する色は、明度を合わせて、色相をずらすのがポイント

❷が、いわゆる一般的な意味でのサブカラーで、キーカラーを補

助し、誌面を映えさせる役割があります。この例に限らず、キーカラーの補色、あるいは色相をずらして明度をそろえると、全体としてまとまりやすくなります。王道の３色ルールはシンプルで使いやすく、サブカラーをプラスすれば、さらに印象的な表現が可能です。

王道の３色を使用

王道の３色に「サブカラー」をプラス

35 便利で簡単！カラーパレットのつくり方

　色はそれ単体で考えるよりも、環境や組み合わせを意識すると、より効果的に使うことができます。

　一般的に、「カラーパレット」と言うと、色見本帳など「意味づけやカテゴリを持たない色の羅列」を思い浮かべる人も少なくないようですが、デザインの実務では、印象や哲学としてのキーカラーと、それを支える機能的な配色の組み合わせを示します。

　最も簡単なカラーパレットとして、❶キーカラー、❷ベース色、❸文字色、❹サブカラー1（キーカラーと明度が同じで色相の異なる色）、❺サブカラー2（キーカラーと明度が同じで彩度の低い色）の5色を基準にして、応用・発展させると良いでしょう。

UNIQUENESS カラーパレットは「哲学→機能→補完」の順に選ぶ

（1）哲学としてのカラー：企業のキーカラーはすでに会社の色として決まっていて「赤（情熱の色）」だったとします。これは、会社の哲学を表すカラーです。

（2）機能としてのカラー：ベース色と文字色、そしてこれらの中間色として、ホワイト＋グレー＋ブラックを決めます。

（3）最後に哲学色（赤）を「補完する色」として、ブルーを選びます。

意味と機能を持つのが実務上の「カラーパレット」

王道の3色を使用

王道の3色に「サブカラー」をプラス

（4）たとえば、事業拡大などにあたり、もっと色数がほしいという場合は（3）の補完色を使用し、さらに必要であれば、補完色とベース色の中間色を増やしていきましょう。理屈がわかれば、あとは簡単です。ぜひ自分オリジナルのカラーパレットをつくって、活用してみてください。

第6章のまとめ

● 色は選ぶ前に色数（戦略）を決める

● 1色訴求はキーカラーのイメージを印象づける戦略

● バズカラーとは、2~3色で展開する、独特の色の組み合わせを活用した戦略

● パレットがあると、サービスの拡張や事業の買収などにも対応が可能

● 地色+文字色+ポイント色は使いやすく簡単

●「主役」は脇役も含め、世界観で決定する

●「キーカラー」はストーリーや哲学から選ぶ

●「色見本帳」を使うと、配色に失敗しない

● サブカラーは機能を重視する

● 地色や文字色なども、キーカラーを定義づける大事な要素としてピックアップしておく

● サブカラーは、キーカラーと彩度を合わせて、色相の異なる色を選ぶか、明度を合わせて彩度の低い色を選ぶ

● 色は、戦略的なパレットがあって、はじめて機能する

環境によって、見える色は変わる

　人が目でものを見るとき、そのすべての色について、必ず環境光（晴れているか曇っているか、また、室内の照明は白熱灯か蛍光灯かなど）や、背景の色に影響を受けます。

　パソコンの画面で見ていた商品が手元に届いたときに、「あれ、なんか、色の印象が違うな？」と思ったことはありませんか。これは、パソコンの液晶画面を表示させる色のしくみと、室内灯のもと肉眼でものを見ているときの色の表示原則が違うために起こる現象です。「ちょっと、なんか、違う」どころではなく、まったく、認識の違う色になってしまうこともあります。つまり、「すべての色は、周辺（環境）に影響される」ということです。

　日常生活でよくあることとしては、春先のよく晴れた青空のもとで撮った花びらの写真が淡く鮮やかなのに対して、曇りの日に撮影したらなんとなく濁って見えるようなことがあります。

晴天の青空のもとでは、薄いピンク色に写った桜の花びらの色。濁ってはおらず、白っぽい印象になる

曇り空の下で撮影すると、実際よりも暗く濁って見える。背景色の対比で錯視が起こる

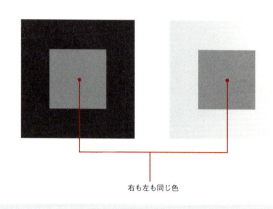

右も左も同じ色

　上にあるのは、私がよくセミナーなどで提示する「錯視」の図です。色にまつわるごく一般的なものですが、中心のグレーは同じ色なのに、左は薄く、右は濃く見えてしまいます。本章の中でも、繰り返し述べてきましたが、しかるべき環境や正しい組み合わせがあって、はじめて「色使い」はその威力を持ちます。

　よく見かけるのは、キーカラーだけは選んでいて、あとは何も考えていないというケースです。キーカラーが映えないだけでなく、視認性や認知においてもさまざまな弊害があります。

　色の原理原則を活用するうえでも、大事なことは、「こうありたい」という意思や、企業がもともと持っている「哲学」「ビジョン」があってこそです。流行りの色を知っていることや、ツールが使えるからいい配色になるわけではありません。

第**7**章

「写真」「イラスト」の
これだけは知って
おきたいこと

36 写真やイラストは「機能」と「印象」を重視

　テキストだけではわかりにくい概念的な説明は、イラストや図解を効果的に使うと伝わりやすくなります。

AISUS　情報を可視化するインフォグラフィックを使用する

　言葉だけではわかりづらい概念的なことやサービスのしくみなどを説明するには、情報を視覚化したイラストを使用しましょう。「視覚化」（＝ビジュアライズ）していくことで、いくつもの情報がつながった状態をひと目で見ることができるため、全体像を把握しやすくなり、直感的にも理解しやすくなります。

BEFORE　文字だけだと、何のことだかわかりにくい

AFTER　情報を視覚化する（イラストにする）ことで、全体像やしくみを把握しやすくする

IMPRESSION **コードモデル（文字だけ）＋推論モデル（ビジュアルイメージなど）で、伝えたかったテーマをきちんと伝える**

　左下の文字だけの例は、前後の文脈が少なく、命令的な指示に見えてしまいます。右下のようにイラストが入ることで、人の想像力にアプローチできます。「多様性の社会におけるコミュニケーションの入口としてのあいさつ」というメッセージとして、印象も明るく、前向きな働きかけになります。

BEFORE 文字だけだと、命令的な印象が……

AFTER イラストが入ることで、明るいメッセージに

37 写真やイラストの表現は適材適所

　写真やイラストはしかるべき場所にしかるべきものを入れること、適材適所が基本です。たとえばイラストは、その用途に合わせて線画が良いのか、水彩画風が良いのかなどを考えましょう。

　意味のない写真や、安っぽいイラストが入っていると、その文書自体の信頼性が欠ける、イメージも悪くなるなど負の連鎖が起こります。

ACCESSIBILITY **遠くからでも見やすく。記号として使うアイコン表現**

　第5章のフォントと同じく、イラストや写真にも王道の使い方があります。「ピクト」や線画の「アイコン」は小さくても、遠く離れたところからでも見やすく、はっきりとわかります。「ここにはカフェがあるよ」ということは言葉がなくてもわかります。

BEFORE 見づらい　　AFTER 見やすい、わかることを優先

| IMPRESSION | **シズル感は手描きで**

シズル感(美味しそうな感じ)を表現するには、水彩画風のタッチやカフェでよく見る黒板の手書きのイラストを使う

のも手です。「良い香りがして、リラックスできそう」な感じを表現するのにも向いています。

| IMPRESSION | **大きなスペースでは写真やイラストを強調する**

大きなスペースで写真を使う場合は、なるべくロゴやコピーは、コンパクトにまとめてみてください。

また、イラストでもコントラストのあるもの、グラフィカルなロゴなどであれば、大きく使うと引き立ちます。

38 写真はライトが9割

　写真をコンテンツとして使用するSNSなどが普及して、写真1枚でアクセス数や売上を大きく上げることができるようになりました。

　写真を撮るコツは、ピントや構図と思いがちですが、まずは、環境光がどうなっているか、今どの光源から光がきているのかなど、ライトを意識してみましょう。

　これは、あなたが、今、何を、どう撮りたいかの「どう撮りたい（＝どう見せたい）」の部分と直結しています。

IMPRESSION **明るく輝かせる？　ダークな空間から浮び上がる？**

　写真はどう撮るかによって、同じものでも違う印象に見えます。右ページのサンプルは、パンケーキとモッコウバラの写真ですが、左は明るく、右は周辺を暗いライティングで撮影しています。

IMPRESSION **世界観を写すのか、心情に訴えるのか**

　左上のパンケーキは「フワフワ感」が目に飛び込んできます。左下のモッコウバラも同様です。

　右上と右下の暗い写真は、高級感はありますが、何か、対象に隠喩される心情的な背景、物語的なシチュエーションを予想させるような効果があります。

　「世界観」「空気感」「なんとなくな感じ」は、このライティングを意識することでも表現することが可能です。

明るい自然の光を感じる撮り方

暗い中に浮き上がるように撮る

明るい自然の光を感じる撮り方

暗い中に浮き上がるように撮る

第7章 「写真」「イラスト」のこれだけは知っておきたいこと

39 青い光で食べ物を撮らない

　光源が変わると、同じカメラで同じものを撮っても、色が変わります。とくに蛍光灯の会議室などで食べ物を撮ると、複数の緑がかった強いライトの影響で、あまり美味しそうに見えません。
　ある程度は色味を補正することもできるかもしれませんが、最初から、美味しそうなライティング（環境）で撮影するのがおすすめです。

IMPRESSION　光源の色と数に注意する

　行列ができるほど美味しいお店と評判なのに、なぜかホームページの料理の写真はあまり美味しそうではない。そういうお店は、複数の青みが強い光源（昼光色の蛍光灯など）を使用している可能性があります。このような場合、光源が青いだけなら、色補正やコントラスト補正で画像はかなり改善されますが、光源が複数ある場合は、補正も難しくなります。ただ暗いだけ、青いだけであれば、「少し明るくする（シャドーを少し上げる）」「温かさを増す」「メリハリをつける」で解決できますが、光源が入り乱れて、黒い影が何方向にもおよぶ蛍光灯の室内では、

青みを帯びた蛍光灯などの光の下では、食べ物に、色がかぶってしまい、発色が悪くなる

食べ物の撮影に向いていません。

　逆に、十分な光量があり（太陽の日差しが入る日当たりの良い部屋など）、やや逆光気味の環境であれば、美味しそうな写真が撮れます。

BAD
青みがかかっている光源、弱くて複数の光源が入り乱れる環境、明るいところに霞がかかり、全体がにごった感じ。影がいくつも出る室内など

GOOD　青みがかかっていない光源、十分な光量、明るいところと暗いところの差がしっかりある状態。影の方向はできれば大きく1つか、あるいは、弱く

第7章　「写真」「イラスト」のこれだけは知っておきたいこと

40　見る人の視点を意識する

　写真は「アングル」も重要です。アングルとは「見る角度」のことです。写真を撮るのが上手な人は、その写真の先にあるストーリーをこの「見る角度」で伝えています。真上からのアングルは、感情移入が少なく、俯瞰しているイメージに。斜め上に見上げている角度には、迫力と臨場感が感じ取れます。

UNIQUENESS　同じシーンでも、アングルを変えると物語が変わる

　サンプルの写真（左下）は、インスタグラマーと言われる人たちがよく撮るアングルです。広告業界では「真俯瞰」と言い、真上からの構図です。周辺のライトの影響を受けにくく、フチを暗く落とすなどの加工がしやすく、また、情景を表現しやすいのが特徴です。その隣（右下）は、少し斜め上からのアングルで、お店の雰囲気や背景も写ってしまうため、インスタでは「映え」にくい角度です。

　右ページのコーヒーショップのシズルを表現している写真（右ペ

ージ上）は、下から見上げたアングルで、迫力があります。コーヒーを飲んでのんびりしているイメージではなく、エスプレッソマシンの宣伝や、ビジネスのはじまりを告げる暗示のようです。一方、下のアップの写真は、「人の気持ち」を表現するときに向いています。

41 三分割構図と日の丸構図

　「三分割構図」は、三分割された線が交差するところを、視線の
ポイントに設定する方法です。自然な印象をつくりやすい構図です。
　「日の丸構図」は、被写体を画面のセンターに配置して、視線を
誘導する構図です。被写体の世界感が出やすくなります。

UNIQUENESS 日常的な、さりげないシーンを切り取る（三分割法）

　次ページのサンプルの写真（右ページ上）は、三分割法の交差点
あたりにコーヒーカップがくる構図です。写真の調子も柔らかく、
ナチュラルな感じを表現するのに向いています。慣れてきたら、四
分割にして、微妙なバランスを狙うのも良いでしょう。

UNIQUENESS 特別な日、特別な時間、意味ある空間（日の丸構図）

　同じようなカプチーノの写真（右ページ下）ですが、ドーンと真
ん中に置いてある日の丸構図です。視点が集めやすく、「何か意味
があるのかな？」という、見る人の想像力を誘い出しやすい構図で
す。
　気をつけておきたいこととして、意識して（わざと）日の丸構図
にするのは効果がありますが、無造作に撮影した被写体が、画面い
っぱいにたまたま入っていたり、画面からはみ出していたりする構
図は、真ん中に配置されていても、その効果はありません。

三分割法 　三分解割された線の交差点

日の丸構図 　画角のセンター

第7章　「写真」「イラスト」のこれだけは知っておきたいこと

127

42　写真を加工するときのコツ

　写真を加工するときに失敗しないコツは、「こうしたい」というイメージをもとに、補正や修正の方向性を意識して作業することです。補正のやり方としては、(1) 明るさの調整（トーンの補正）、(2) 色味を合わせる（色相の補正）、(3) クスミをとったり、コントラストをつける（階調の補正）、(4) フィルターなどで写真全体の印象を変える（(1)～(3) が組み合わさった既製品を使う）などがあります。

　最近は、スマートフォンなどに素人でもワンタッチでさまざまな印象をつくれるフィルターがたくさんあります。いずれにしても、(1)～(4) のどの作業をやっているのかを理解していると、自分の思い通りのイメージになりやすいでしょう。

NORMAL　全体的に黒ずんで見える

IMPRESSION　**階調とシャドー、彩度を補正し、色味の変更はなるべく抑える**

　左上は少し焦げたようなエビフライに見えます。このエビフライに限らず、フライやかつ、卵とじなどの丼物もふくめ、お店の中が少し暗かったりすると、実際よりも黒っぽ

FILTERED

揚げたてで、美味しそうなエビフライ

NORMAL
加工前の写真。バラの緑は青々しい。ただし、Instagramなどの写真SNSでは、ビビッドで生々しい写真よりも、フィルターをかけて「調子を殺した」表現が好まれることも多い

FILTERED　市販のフィルターをかけて、色補正した状態。色あせたポラロイド写真のような仕上がり

く映ります。

　このような場合は、ワンタッチのフィルターで補正するよりも、「全体に少し明るく」「シャドーを少し弱く（明るく）」「コントラストを弱く（調子を柔らかく）」「温かみあるいは彩度をアップ（オレンジ系に）」で、美味しそうなエビフライに見えます。

　右上のモッコウバラの写真は、市販のフィルムで加工しました。これは、さきほどのエビフライのほぼ逆の操作を行なっており、「全体に少し暗く」「シャドーを少し強く（暗く）」「コントラストを強く（調子を固く）」「彩度を落とす（ブラウン系に）」をすることで、より絵画的な印象の写真になりました。

129

43 親しみやすさを出す

　写真でもイラストでも、親しみやすいと感じる大きな要因は「明るさ」「コントラスト」と関係があります。

　今あるものをもっと親しみやすく、優しい印象に仕上げたいときには、「明るくする」「コントラストを下げる」と、抵抗感がなくなり、「親しみやすさ」を感じます。

　ただし、明るくしすぎたり、コントラストを下げすぎると、写真それ自体の強さはなくなりますので、注意が必要です。

IMPRESSION イメージを柔らかくしたいときは、階調を柔らかく

　なるべく柔らかく、抵抗感の少ないイメージにしたいときのテクニックを紹介します。

　下のカフェオレを持つ手の写真を素材に、画像の補正を行ってみました。この写真自体も、柔らかい階調で親しみがわく写真であると思いますが、さらにソフトに加工していきます。まず、全体のトーンを明るくして、コントラストを弱くします。

　また、光が当たる範囲を広くして、周囲も明るくします。また、明瞭さを少し落とし、さらに、シャドーの部分をより明るく、中間の調子も若干明るくしてみました。

　すると上の写真のように、ふんわりとやさしいイメージが出来上がります。今度は、その逆をやってみましょう。全体を少し暗く、コントラストを強くします。中間の調子も少し暗くして、周辺を暗くしました（下の写真）。どうでしょう、「このコーヒーはもしかしたら毒入りかも？」という怪しいイメージに。

第**7**章　「写真」「イラスト」のこれだけは知っておきたいこと

44 トリミングやトーンで印象が変わる

　FacebookやInstagramのアイコンをはじめ、プロフィール写真は、今やビジネスにおける名刺と同じくらい重要なものになっています。プロフィール写真はトリミングによって、印象に大きく影響を与えます。

UNIQUENESS フェース率を意識して、印象をコントロール

　同じ写真でも、トリミングによって異なる印象を与える例です（人の写真だと、トリミングをしたり加工したりすることに気が引けるので、あえて自分の写真を例にしました）。このような、人の顔のトリミング上の大きさ感を「フェース率」とも言います。

（1）手が入ると、自信がありそうに見える

　雑誌の記事中などに使用されるパターンが多いですが、両手が入ることで、首上だけのプロフィール写真より、自信に満ちて見えます。著述業、専門家に向いている構図です。

(2) 政治家、教員は顔めいっぱいでも良い

　顔が大きく写って、目や口や鼻のパーツはわかりますが「押し」の強い印象になります。トランプ大統領のTwitterのアイコンがその代表と言えます。

(3) 証明写真より、少し引いたトリミング

　ごく一般的に、良い印象を与えたいのであれば、証明写真などのアップ度よりも少しだけ引くと、人となりを感じる部分が増えて、柔らかい印象になります。

(4) モノクロ変換で、クールな印象に

　元の写真をモノクロにしてみました。落ち着いたたたずまいで、クールな印象になります。

第7章　「写真」「イラスト」のこれだけは知っておきたいこと

写真をイラストに変換して、表現力を増す方法

　写真を「水彩画タッチのイラスト」に写真アプリなどで変換すると、同じ題材であっても、印象が変わって見えます。

> IMPRESSION **明るさを補正してタッチ変換すると絵がわかりやすい**

　下にあるのは、実際にあるプロジェクトで使用したイラストです。写真を水彩画のように変換するアプリを使用して、牧歌的な日本の夏休みを彷彿とさせるような柔らかい印象になります。

BEFORE　そのままでも牧歌的で素敵な風景ですが

AFTER　誰の心にもある「懐かしい日本の夏休み」のイメージを、水彩画のタッチを使用することで強調

AFTER　商品化された「SABA LIVER」ブレンドコーヒー（試作デザイン）

| IMPRESSION | **部分的に切り取ってイラストのように扱う**

　写真をもとに加工をする際には、部分的に切り取って強調（クローズアップ）することで、より強い印象をつくることができます。イラストも、印象を強くしたいときには、いらない要素を削除して、対象にフォーカスします。すると、フォーカスしたい部分だけが目に入るため、印象は強くなります。

BEFORE
紅葉写真の中から、あえて、3枚くらいの葉にフォーカス（クローズアップ）する

AFTER
クローズアップした写真を使ってパッケージをデザイン

商品化された「ほうふういろう　花めぐり」
（試作デザイン）

　このように「全体で見せるか」「部分で見せるか」は、あらかじめ決めてデザインしたほうが、イメージはより伝わりやすくなります。

46 イラストや動画を効果的に使う

　写真は、美味しい食べ物や美しい風景などの情緒的なワンシーンの表現に向いていますが、手順やプロセス、使い方などを説明する場合は、イラストや動画を使うとわかりやすいでしょう。

SINCERITY 料理のプロセスを1枚のイラストで説明

　下のイラストは、パンケーキが焼けるまでを説明したものです。もし、これを静止画で表現しようとすると、何カットも撮影をしなくてはならないことになります。イラストだと何が必要で、どのような手順でつくったらいいかが、パッとわかります。

| SINCERITY | **料理のプロセスを動画で説明**

　料理やお菓子づくりの手順であれば、(撮影は大変ですが) 動画も効果的です。下にあるのは、海外のウェブメディア『BuzzFeed (バズフィード)』が運営する「Tasty (テイスティ)」というサイトです。

　誰にでもつくれそうな親しみやすいメニュー、無駄のないわかりやすい構成、シズル感がタップリの映像です。

　イラストにしても動画にしても、言葉はなくても通じるところがあるため、たとえ言葉はわからなくても、内容が伝わります。

　とくにグローバルなコミュニケーションでは、イラストや動画に限らず、ノンバーバルの要素が多ければ多いほど伝わりやすいでしょう。

47 ビジネスで、写真やイラストに関わるときのポイント

写真やイラストは、アートとしても価値評価を受けますが、デザインの場面では、写真やイラストを用いることによって**問題が解決されることがゴール**です。ここでは**写真やイラストを扱うときのポイント**について記しておきます。

きちんと望み通りのものが完成するように、準備も含めて、ポイントを挙げてみました。

1. ゴールを明確に

何のために、何を用いて、どのように表現したいのかを考えましょう。もし予算が少なければ、素材集でも代替できないかなどを検討してみてください。

2. 調査、資料などを集める、ロケハンするなど準備を怠らない

イメージと違ったものにならないためには、参考となる資料を集めます。料理の写真であれば、具材や調理器具の資料、人物のイラストであれば、ポージングや衣装の参考資料なども見てみましょう。

3. ラフスケッチや、テストシューティングの重要性

全体で見せるのがいいのか、部分で見せるのがいいのか、アングル、構図などを探るために、ラフスケッチをします。いわば、目指すデザインのゴールを可視化します。

4. スケジュールには余裕を持つ

　デザインしたものを冷静に見直す時間を持ちましょう。デザインの現場では、途中で何が起こるかわからないものです。時間的なバッファがあることで、ゆとりが生まれたり、最悪の事態を防ぐこともできたりします。

5. 最終データや作業ファイルを保存する

　データのファイルや必要と思われる資料も含めて、大切に保管しましょう。

第7章　「写真」「イラスト」のこれだけは知っておきたいこと

48 依頼するときの5つのポイント

イラストや写真を人に依頼する場合には、まず今、依頼しようとしているもの（ジャンル、雰囲気、テーマ、ツールなど）を得意としていて、実績がすでにある方にお願いするのがベストです。

また、気持ちよく作業をお願いするためには、イメージ、納期、ギャランティ、ファイル形式などをはじめ、しかるべき情報はなるべく早いタイミングで伝えましょう。

人に依頼するときは、必要な情報をはじめ丁寧に準備をします。また、途中でテーマが変更することなどは、決してないように心がけましょう。

1. テーマがあいまい、準備が不十分な段階で、依頼しない

できるだけ、イメージ、納期、ギャランティ、ファイル形式など、すべての条件がフィックスされてから、依頼をしましょう。

2. 得意な人、上手な人に依頼する

そのテーマや手法を得意とする人にお願いしましょう。「何でもできる」という人も中にはいますが、「シズル感のある食べ物の写真が上手」「優しそうな家族のシーンのイラストが得意」など、専門に特化している人にお願いしたほうが、イメージに合ったものになるでしょう。

3. 共有、確認、合意はステップごとにする

「こんなはずじゃなかった」ということが起こらないように、イメージを共有するための意見交換、確認、合意などをステップごとに、しかるべきタイミングで行います。

4. セレクトさせてもらうか一任するか決める

制作のスタイルは人それぞれですが、もしも、いくつかバリエーションをつくる場合は、最終決定権は、発注者が持つようにしましょう。

ただし、つくり手にこだわりがあり、一任するスタイルもあります。そのような取り決めも、あとになってからでなく、先に決めておきましょう。

5. その人に頼んだことを開示する（クレジットを掲載する）

イラストを描いてもらって、それをデザインで使用した場合、「そのイラストを描いた人は、○○さんですよ」ということを、クレジットに開示しましょう。写真も同じく、撮影者を記載しましょう。

49 フリー素材、ストックフォトでのトラブルを避けるために

> 「無料」や「フリー」をうたう素材サイトの中には、使用条件を個人使用に限定しているものも多数あり、商用の使用は有償となるケースがあります。無料と思って、使用したら有料ということは意外と多いです。フリーで使用できるサイトの素材についても、制作者のクレジットを入れるなど、ルールやマナーを必ず守りましょう。
>
> また、インターネットで検索して出てきた画像を許可なく使うことや、雑誌や書籍に掲載されている制作物を勝手に使用することは避けましょう。

ビジネスで使う際には、利用規約やライセンス契約を読みましょう

使用について、サイトにわかりやすく記載しているものもあれば、そうでないものもあります。使用する際は、規約をよく読み、また、許諾を受ける場合の使用条件があやふやなものは確認するか、使用を避けましょう。

コンペやデザイン賞に使ってもいいの？

使用できるのは、コンペやデザイン賞の規定に、フリー素材やストックフォトの使用が許可されていて、かつ、提示したコンセプトと合っていることが条件です。また、既出の表現がある場合、類似性という観点から、受賞は難しい可能性が高いです。

フリー素材のリスクは？

同じ画像やイラストがすでにどこかで使用されている可能性もあります。出稿量が少なかったり、広報やPRがらみなら問題がない制作物でも、大量の出稿量がある場合、あるいは、コンペなどでは「パクリ」「既出のアイデア」などと取られる可能性があります。

フリー素材で良いな、と思ったら

制作者やエージェンシーをチェックして、時間と予算があれば、オリジナルで発注しましょう。世界でたった1つの著作物であれば、費用はかかるかもしれませんが、365日、24時間、何の気兼ねもなく使用することが可能です。

第7章のまとめ

● アイコンは、記号として機能しているか

● シズル感を出すなら手書きのイラストで

● 写真はライティングでイメージが大きく変わる

● 明るさを補正してタッチ変換すると絵がわかりやすい

● 三分割法の構図で、さりげないシーンを切り取る

● 特別な印象は日の丸構図で

● トリミングで印象が変わる

● 資料やラフを用意する

● 人に依頼するときは余裕を持って

● 人に依頼するときは、その人のスタイルを事前に確認する

● フリー素材は、使用規約やライセンスをよく確認する

● フリー素材は、誰かがすでに使っている可能性があることを理解する

ニューヨーク市「ハイライン」の都市デザイン
〜ロゴと写真が、ビジネスのスケールの引き金に〜

　先日、ビジネスパーソン向けのデザインの教養講座で、ちょっと変わった「デザイン」の話をしました。ニューヨーク市にある「ハイライン」という有名な都市再生デザインについてです。

　ハイラインは、廃線となって取り壊しが決定していた貨物鉄道線跡地を再開発し、ニューヨークの新しい観光名所としてにぎわっている空中公園です。日本で最近再開発が進んでいる「渋谷ストリーム」なども影響を受けていると言います。

　面白いのは、この取り組みは行政主体ではなく、「ハイラインを残したい」と考えた２人の若者が、「フレンズ・オブ・ハイライン」というNPOを設立し、市民団体を巻き込み、その後、ニューヨーク市

の共同事業となって、都市再生デザインの成功例となったことです。

このハイラインの記録は、書籍やレポートなどで公開されていますが、シンボリックでおしゃれなロゴ、そして、この美しい庭園の写真は、数多くの人に「SHARE」され、広く知られていったことが、成功の鍵とも言われています。

私も二度ほど現地を訪れたことがあり、遊歩道にずっと続く草花（造園）のデザインが、歩く楽しさを演出してくれます。思わず、草花の写真をカメラに納めて、Instagramにアップしていました。

ハイラインの成功で、近隣の不動産価格も、かなり高騰したと言われています。誰もが気持ちが良いと感じ「SHARE」したくなる「都市のデザイン」として、人気のギャラリーやカフェやショップも集まり、近隣の地価が高騰するのは、至極当然のことと言えます。新たな体験価値を生み出すこと、これもまさに「デザイン力」です。

第 **8** 章

そろえる＆まとめる＆目立たせる

50 デザインスタイルを整理する

　同じ種類の情報は、同じ「デザインスタイル」でそろえると見やすくなります。また、コンテンツ全体を通してスタイルの定義をすることで、読み手は内容を理解しやすくなり、つくり手の作業効率も上がります（デザイン・ガイドラインをつくる理由はこのためです）。また、「デザインをしなくては」という意識から、ついつい余計な装飾や罫線などを増やしてしまうと、かえってデザイン性を失うことがあるので注意しましょう。

SINCERITY　いらないものは、なるべく取る。フォントも統一

　次は、どの文字がどのイラストにかかっているのかがわからず、良くないレイアウトの例です。また、全体の構造も見えません。

　さまざまな書体を使用しているため、文字ブロックの役割も予想できません。

　にぎやかさの演出を狙ってか追加している装飾は、実際にはデザインを見づらくしているだけの場合もあり、注意が必要です。

　次ページの上は、デザイン

BEFORE　一瞬、楽しげな原稿に見えるが……

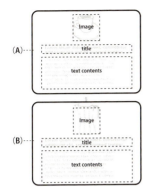

スタイルを整理したものです。ドリップの話（A）とエスプレッソの話（B）の2つの話があり、それぞれにタイトルと本文があるという構造がはっきりとわかります。肝心なのは、（A）と（B）は、罫線などはなくても、2つのブロックにタイトルと本文が入っているという構造がひと目でわかることです。

AFTER いらないものははずして、スタイルを整理したほうが読みやすくなる

第**8**章 そろえる&まとめる&目立たせる

51 ホワイト・スペースの意味

「ホワイト・スペース」とは余白のことで、主に次の3つの大切な役割があります。

(1) ロゴなど大切なものを守るための「アイソレーション」
(2) 意味やカテゴリを分けるための境界としての「スペース」
(3) 視点の誘導や興味喚起をよぶ「アテンション」

ACCESSIBILITY 大切なものを守る「アイソレーション」

ロゴタイプやシンボルマークなど、企業やサービスのアイデンティティをデザインしたものは、差別化や独立性が重要です。そのため、通常、ロゴマークのまわりには近接して他社のマークや情報などを掲載しない規定を定めます。これを「ロゴのアイソレーション」と呼びます。ロゴのアイソレーションは、ロゴをデザインする際に同時に規定を設けておくことが前提で、ロゴのデザインの一部と言えます。

アイソレーションが保たれていないと、ロゴが見えづらいだけでなく、発信元不在の怪しいものととらえられかねません。

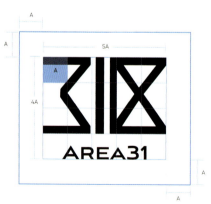

上海のコーヒーブランド「AREA31COFFEE」のデザインガイドラインより

BEFORE アイソレーションが確保されていない

AFTER アイソレーションが確保されている

　アイソレーションは「独立性」「孤立化」などとも訳されますが、ロゴのデザインにおいては、「それがそれらしくあるために必要十分な空間」と認識しておきましょう。

ACCESSIBILITY 「スペース」を活用することで見えない仕切りを

　コンテンツとコンテンツの間に罫線や装飾を入れがちですが、なるべく余計な要素は足さず、スペースで調整しましょう。装飾が増えると一見にぎやかに見えますが、言葉の意味は伝わりにくくなっていることもあるため、注意が必要です。

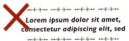

第8章 そろえる&まとめる&目立たせる

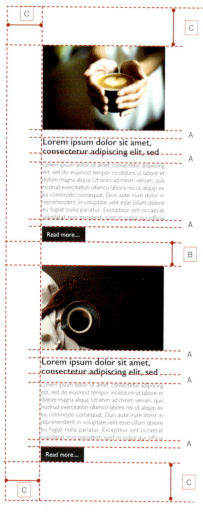

コンテンツ内の余白は、コンテンツ間の余白よりも必ず小さくなる（C>A,B>A）

左の説明図は、罫線を使用せず、余白でコンテンツを区切る場合の基本です。コンテンツ内の余白は、コンテンツとコンテンツを分ける余白よりも必ず小さくなるように、C＞A（AはCより小さく）であり、B＞A（AはBより小さく）であると、わかりやすくなります。

IMPRESSION 「余白」が広いことは、重要である暗示

余白を広くとることは、モチーフに対しての独立領域（アイソレーション）が広いものだと伝わるため、特別なものだと感じやすくなります。

右ページの写真のように、余白が大きいものほど、視点を集めやすく、また、大切なものだというコミットメントにつながります。

第8章 そろえる&まとめる&目立たせる

52 デザインで視線を誘導する

　デザインで視線を誘導するには、(1) 余白を生かすほかに、(2) 光とコントラストを利用する、(3) 構図の力を利用する、(4) 実際に人の視点を利用するなどがあります。

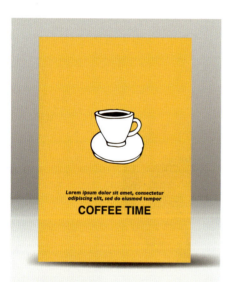

IMPRESSION 余白をとる

　誰でもできる、最も簡単な方法です。これは情報量が増えても同じです。

　情報があるから視線が向くのではなく、余白がある大事なもののところへ、視線は誘導されます。

| IMPRESSION | **コントラスト強調**

暗めの背景とポーチドエッグの黄色は、コントラストの強い配色で、また、三分割法の左上にポイントを置いた構図も視線が集まりやすくなります。

「三分割法とは全体を三分割した線のクロスポイントに、テーマの主要部分を合わせる構図の取り方

| IMPRESSION | **人の視点の先に、視線を誘導する**

最後の例は、実際のモデルの視点を使用しているものです。人物の視点の先に、視線が誘導されます。

モデルの視点に、見る人も引っ張られる

第8章 そろえる&まとめる&目立たせる

53 左ぞろえ、中央ぞろえ、右ぞろえ

文字ぞろえに関して、デザインで絶対にこうすべきという決まりはありませんが、もともと「左ぞろえに向いている」「センターぞろえがマッチする」「右ぞろえに適している」などの状況や原稿の種類があります。

IMPRESSION （1）左ぞろえでキャッチを「読ませる」

キャッチコピーとリードコピーを組み合わせたコンテンツがあり、十分なスペースがある場合などは左ぞろえのレイアウトが適しています。左右のスペースが少なく、天地のスペースはゆったりとあり、本文からのクォート（引用）などを強調させる場合も同様です。

左右のスペースが限られており、情報量があれば、ジャスティファイ（左右ぞろえ）のほうが文字数は多く入ります。

(1)

(1)

SINCERITY　(2)「きちんと」したイメージは、センターぞろえ

キービジュアルがあって、それに対して、キャッチコピーをつけるような場合は、センターぞろえのレイアウトが適しています。

ほかにも、長くて難解な文章ではないもので、結婚式の挨拶状のような形式的なもの、あるいは、詩や散文などもセンターぞろえの文字組みが向いています。

SINCERITY　(3)「そっと」「さりげなく」は右ぞろえ

写真の下につけるキャプションやページにつける注釈などは、右ぞろえが向いています。写真が主、キャプションが従の状態です。

もちろん、キャッチコピーを右ぞろえにしてはいけない決まりはありませんが、スペースにもし問題がなければ、文章の冒頭がそろっている分、左ぞろえのレイアウトのほうが、視点誘導など視認性の向上はしやすく、適切と言えます。

第8章　そろえる&まとめる&目立たせる

157

54 大きい文字でも見づらい理由

　文字の読みやすさは、その文章が掲載されている媒体の種類、コンテンツの内容や量によっても異なります。小さくて読めないというのは決して良くありませんが、ただ大きければいいというわけではありません。

ACCESSIBILITY 大きいタイトル文字こそ、行間にこだわる

　タイトルなど全体の文字数がさほど多くない場合の行間は、詰まりすぎていると読みにくくなります。読みやすい行間の目安は、最低でも、テキストの高さの4分の1（四分アキ）以上から、半分（二分アキ）以下です。

　文字1個分を開けると、全角アキになります。

　文字数が多いものは行間が空いていたほうが一般的に読みやすくなります。

Financial results
briefing
documents ✕

Financial results
briefing
documents ◯

Financial results
briefing
documents ◯

Financial results
briefing
documents ◯

左の例は、上から
「アキなし」
「4分の1アキ」（＝四分アキ）
「3分の1アキ」（＝三分アキ）
「2分の1アキ」（＝二分アキ）

紙面に対しての余白が少なすぎると、文字が大きくても読みづらくなる

紙面に対しての余白が適切で、行間も確保されていると、読みやすくなる

第8章 そろえる&まとめる&目立たせる

55 デザインの「見せる・読ませる」法則

　読みやすさ、見やすさに原理原則はありますが、最も大切なことは、それらのルールやテクニックを、あなたが「何のために使いたいか」「最終的にはどうしたいか」ということに尽きます。

　ただ、読ませたいのであれば、ひたすら読みやすくすればいいでしょう。けれども、楽しく読んでほしいのなら、より楽しく読んでもらう工夫を考えましょう。

SINCERITY デザインとは形と中身（コンテンツ）との関係

　ＩＢＭなどの企業ロゴをデザインした著名なグラフィックデザイナーのポール・ランド氏は自身の著作『ポール・ランド、デザインの授業』の中で「Design is a relationship between form and content（デザインとは、形と中味の関係だ）」と述べています。つまり、シンプルであれば必ずいいデザインというわけではなく、コンテンツ

の中身がわかりやすく読ませたいものであれば極力デザインはシンプルにわかりやすくする。けれども、コンテンツの中身が楽しませたいものであれば、自由な遊びもかまわないという、外と中の関係そのものがデザインであると述べており、デザイナーやデザイン関係者に、示唆に富む提言となっています。

| ACCESSIBILITY | **デザインは、誰のもの？**

また、認知科学者であり、人間中心設計の権威でもあるドナルド・A・ノーマン氏はロングセラーとなっている『誰のためのデザイン？―認知科学者のデザイン原論』の中で、次のように書いています。

「日常のデザインが美しさ第一主義によって支配されているとしたら、毎日の生活は目には楽しいかもしれないが、あまり快適ではなさそうだ。使いやすさ第一で支配されているとしたら、過ごしやすいかもしれないが、見栄えは良くないだろう。生産とコストとか作りやすさが優先すれば、製品はあまり魅力的でなく、機能的でもなく、長持ちもしないだろう。明らかにそれぞれの配慮にはそれぞれの長所があるのだ。一つのものが他を差し置いて優先されるとき、問題が起こるのである」

ノーマン氏は、ここで1つのものがほかのものを差し置いて優先されすぎることの問題点を指摘しています。

これはたとえば、売上を上げたいチラシであっても、読みやすさやわかりやすさも大切にしましょう、ということと同義です。また、わかりやすさを目指す資料であっても、そのデータを発信する企業のイメージや空気感、たとえば信頼感だったり先進性だったり、伝統的な魅力などを盛り込んでいくことで、読み手の気持ちを引きつけ、見せて読ませる魅力にあふれたデザインにつながることを意味しています。

第8章のまとめ

● デザインスタイルを整理する

● 同じ内容は同じデザインスタイルを使用する

● 「ホワイト・スペース」とは余白のこと

● 余白には大きく3つの役割がある（余白には意味がある）

● 意味やカテゴリを分けるための境界として余白を取る

● 視線の誘導は余白を使う

● コントラストや構図でも視線の誘導ができる

● 人物写真の視点の先に視線が誘導される

● 左ぞろえ、右ぞろえ、センターぞろえ、向き不向きに注意

● 見せる、読ませるデザインにしたければ、中身（コンテンツ）と器（メディア）の関係をよく理解する

● デザインの目的を常に考える

● 見る人の立場にたってデザインを考える

● 発信者の個性や魅力を、空気感や雰囲気としてデザインに取り入れる

第**9**章

印象に残る資料を
デザインする

56　1シート1トピックが原則

　プレゼンや提案資料をデザインする際には、「1つのシートには1つのテーマ」を心がけましょう。
　1つのシートにたくさんのトピックが入っていると、見る側の印象として読みにくいレイアウトになり、詰め込みすぎた内容は記憶には残りにくくなります。

ACCESSIBILITY　伝わるためのデザインとは

　1つのシートにたくさんの情報を入れ込むことがゴールではなく、見て、読んで理解してもらい、印象深い提案として記憶にとどまることが大切です。

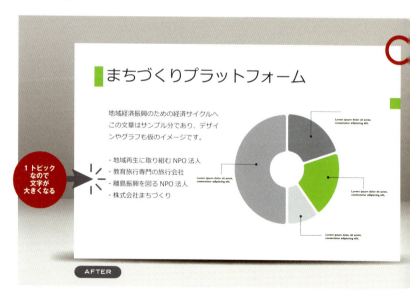

下の2つの例は、ごちゃついた内容を思いきって2枚に分けたものです。上のダメな例は、資料の地色が1シートに2種類になっていて、ポイント色にも、規則性がありません。グラフと図解などの羅列も1枚のシートに入れてしまうと、ほかのことがきちんと目に入ってきません。1枚つのシートに本当に大事なことを1つに絞りましょう。

　また、デザインの要素同士がバッティングしてしまうため、円グラフの羅列は避け、1シートに1つの円グラフにしましょう。どうしても、比較したい場合は、円グラフでなく、表組みを使用します（168ページでも詳しく解説しています）。

BEFORE

AFTER

57 グラフでの色使い

　グラフや表をデザインするときには、「見やすい」「わかりやすい」「つくる人にとっても、つくりやすい」ものを目指してください。避けたいのは、「つくるのはとても大変」だったにもかかわらず「見にくくて」「わかりにくい」というものです。

ACCESSIBILITY　色は自分の好みや先入観で選ばない

　資料は相手に伝えるためのもの。赤は情熱、青は知識、緑はエコの色といった先入観で色を決めてしまわず、色使いについても、根拠を大切にしましょう。

IMPRESSION　グラフで伝えたい「メインテーマ」は何か

　目的のために伝えたいデータは「主役の色」を使い、比べる対象は彩度を落としたり無彩色にするなど脇役の色使いをしましょう。

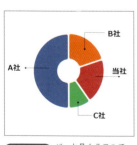

BEFORE　パッと見カラフルで、良さそうに思えるが、A社あるいはB社が目立つ。当社のポジションはわかりにくい

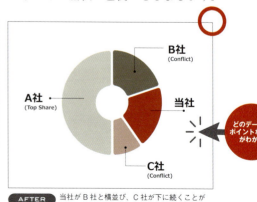

AFTER　当社がB社と横並び、C社が下に続くことが理解しやすい

どのデータポイントなのかがわかる

| ACCESSIBILITY | **シート全体の色彩ルールを壊さない**

　グラフを鮮やかにしたいからと、色の意味を考えずにデザインしないようにしましょう。また、目立たせたいポイントがあるからといって、シート全体のルールを無視した配色は、相対的なバランスを崩し、結果として見づらくなります。プレゼンシート全体のルール（白地＋文字色＋ポイント色）にグラフも従うことで、ポイントに目がいき、印象に残るデザインの資料になります。

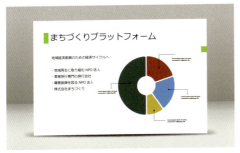

BEFORE　タイトル周りなどに使われるポイント色を無視して、グラフに好き勝手な配色をしてしまうと、全体感が損なわれるばかりか、ページごとに配色を考えなくてはいけなくなり、作業効率が落ちる

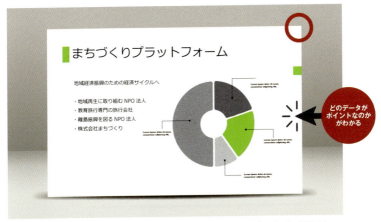

AFTER　シート全体を通して、白地＋文字色＋ポイント色のルールに従っている。配色のルールをつくってしまうことで、新しいページをつくるときも、いちいち考えずに効率良く作業ができる

58 グラフは見やすく

　円グラフで表現すればいいか、棒グラフで表現すればいいかなど、課題に沿った適切な表現を考えましょう。

　また、棒グラフでも、表組みでも、不必要な線の数を減らすことで、よりデータに視点が集まるようになります。

ACCESSIBILITY 円グラフの羅列は避ける

BEFORE　円グラフを並べるのはやめよう

　基本的に円グラフを羅列することはやめましょう。表組みは項目別の比較、棒グラフは経年変化などが見やすい特徴があります。グラフも適材適所を考えて選びましょう。

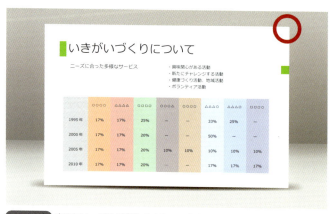

AFTER　表にすると、時間の経過によるデータの推移などがわかりやすい

IMPRESSION 棒グラフに罫線は入れない

BEFORE 罫線ですべてを囲むと、罫線に目がいってしまう

グラフも表も、余計な罫線は少ないほうが、データの内容に視点が向かいます。

また、「モノクロコピーでの出力」にも対応できる濃度を意識しましょう。

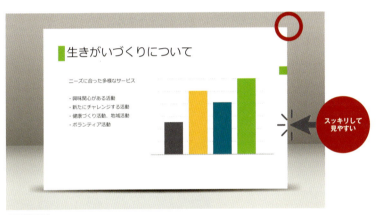

AFTER 余計な罫線がないほうが、グラフデータに視点が行きやすい

ACCESSIBILITY モノクロでも、データが読めるようにする

BEFORE
色分けしても、モノクロコピーやプリントでは差がわからなくなることも

AFTER モノクロでも濃淡のメリハリがあると見やすい

59 見せるプレゼンシート

1つのシートにできる限りの情報を盛り込むのではなく、主題に沿って「見て、考えてもらう」「見て、共感してもらう」ために、「見せるシート」を作成し、プレゼンを効果的にしましょう。

IMPRESSION 問題の本質について、ビジュアルで見せて、イメージしやすくする

表紙の次のページや具体的な課題が提示されたシートの間に、問題提起や解決提案につながる「見せるシート」を差し込みます。

GOOD　ビジュアルを使用して、問題について共感してもらう

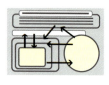

BAD

最後の結論までぎっしりと情報が詰まったまま

たとえば、高齢者問題についてであれば、身近な人を思い浮かべてもらう、あるいは「自分がそうなったときにどうなるだろう？」というように見る人が想像力を働かせるシートによって、問題意識のより深い共有につながります。

GOOD　写真入りのタイトルを1枚挟んでから、本題に入るとリズムができる

GOOD　キーワードをインプットしたうえで、次の展開を読むことができる

第9章　印象に残る資料をデザインする

60 読ませるプレゼンシート

　大事な部分やどうしても伝えたいポイントは、文字の大きさを上げ、繰り返し、提示しても良いでしょう。配布資料とスライドがある場合などは、「大切なことなので3回言います」などと言いながら、繰り返し、「読ませるシート」を用意するのも1つのテクニックです。

> **IMPRESSION** 大切なことは「まとめ」でも読ませる工夫を

　説明の資料が何枚か続いてしまったら、資料全体を通して、最も重要なことをフィーチャーした「読ませるシート」を追加します。
　シートを見せながら、「ここまでのまとめになりますが」「大切な

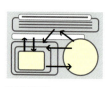

BAD

最後の結論までぎっしりと情報が詰まったまま

GOOD 課題についての仮説や解決策についてのテキストを抜粋

ことなので繰り返しますが」などと補足してもいいですし、「ここだけは覚えて帰ってくださいね」などと付け加えることで、聴講者はシートのデザインの印象とともにあなたのメッセージを記憶してくれるはずです。資料のＰＤＦの配布の有無などでも状況は変わりますが、スライドを使用する際は「見せて、読ませる」シートを意識しましょう。

GOOD　グラフィックを追加して、キーワードを、繰り返す

GOOD　ポイントになる部分だけ、派手な色のベタ塗り、文字を白抜きにする

173

61 マージンを使うテクニック

　わかりやすい資料とは、端から書きはじめて、埋まるまで書き尽くすものではなく、ある程度のフォーマット（型）を想定し、グリッド（方眼）やマージン（余白）に沿って、デザインされたものです。マージンを意識して設定することで、読みやすさもアップします。

ACCESSIBILITY マージン（余白）の初期設定

　タイトルも含め、コンテンツのエリアから台紙（紙）のフチまでの余白を「マージン」と呼びます。マージンは、多くとるか狭くとるかよりも、すべてのページでそろっていることが、美しく、また、見やすくなります。マージンを上手に使うには、最初に、マージンの設定をしてしまい、文字や図表がはみ出さないように気をつけましょう。白地を意識することで、タイトル周りに余計な装飾や罫線も必要がなくなります。

　また、ページごとにタイトルの囲みやデザインを変えるのも避けましょう。1つの資料について、1つのマージンとポイントとして決めて、タイトルのデザインスタイルもそろえます。

BEFORE　マージンや余白がなく、紙面ぎりぎりまでコンテンツが一杯

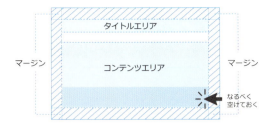

ACCESSIBILITY **空白は無理に埋めない**

　空白があると不安になるのか、各ページのマージンやフォーマットを崩す人がいますが、マージン＋タイトル＋コンテンツエリアというデザインフォーマットがあれば、余白は無理に埋めず、そのまま、空けておくようにしましょう。フォーマットがあることで情報の属性が理解しやすくなり、コンテンツに視線が誘導されて、読みやすいシートになります。

AFTER　スライドが上映される環境などによっては、コンテンツの下が隠れることもある。目一杯入れないように

第9章　印象に残る資料をデザインする

175

62 基本を踏まえたうえで「自分らしさ」もプラスするには

　海外のカンファレンスなどのプレゼンを聴講すると、資料のデザインの美しさ、プレゼンのうまさに驚くことがあります。中でも、「その企業らしさ」「自分らしさ」には、とてもこだわりを持っているようです。自身のプレゼン力アップのためにも、基本を踏まえたうえで資料デザインの中に自分らしさを盛り込んでみましょう。

Uniqueness 自分のスタイルに合ったフォントを選ぶ

　フォントの章の復習にもなりますが、特別な縛りがなければ、判読性の良い、ゴシック体を選びましょう。右の見本にはありませんが、ワードであれば、メイリオ、游ゴシック体などもおすすめです。

ゴシック体（小塚ゴシック）
一流は「身だしなみ」で人生が変わることを知っている

ゴシック体（太ゴ）
一流は「身だしなみ」で人生が変わることを知っている

ゴシック体（見出しゴシック）
一流は「身だしなみ」で人生が変わることを知っている

ゴシック体（新ゴ D）
一流は「身だしなみ」で人生が変わることを知っている

また、英文はできれば日本語のフォントを使用せず、欧文フォントを使用します。

Girloy
Avenir
Gotham

Accessibility 自分専用のカラーパレットを持とう

　カラーの章の復習で、キーカラーと地色＋文字色を選び、サブカラーを設定しましょう。

キーカラー

❶キーカラーをキーカラーとして認識させる「ベース色」
❷キーカラーが映える色
❸キーカラーが映える色
❹キーカラーを使用した際に、視認性を確保できる文字色

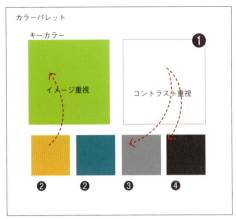

ACCESSIBILITY **1シート1トピックに絞る、魅せるシートづくり**

本書で何度も繰り返し述べてきましたが、なるべく、余計なものを省いて、シンプルにデザインしていきましょう。いきなり手を動かすのではなく、目的や対象のことを考え、情報のデザインを行い、「AISUS（Accessibility / Impression/ Sincerity /Uniqueness / Share)」をチェックしながら進めてください。

63 キースライドをつくる

「デザイン力」が身につくということは、言葉だけでは伝わらないものを伝える力がついているとも言えます。キーとなる数字やテキストをもとに、ビジュアルをデザインすると、いかにより伝わるかについて見ていきましょう。

IMPRESSION シナリオに合わせて、ビジュアルのパワーを借りる

下と次のページにあるのは、私が実際に「視覚マーケティング」というビジュアル戦略のセミナーをする際に使用したスライドです。最初は、11,000,000bit という数字だけが表示され、徐々にビジュアルを足していきます。

下のスライドと、右ページの2つのスライドを見比べると、ビジュアルの存在によって、いかに伝わるイメージが異なるかがわかるでしょう。すべてのページに写真やイラストを入れる必要はありま

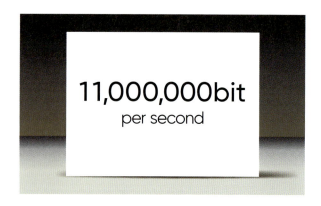

せんが、見せ場に合わせて、キースライドにはビジュアルのパワーを活用してみてください。

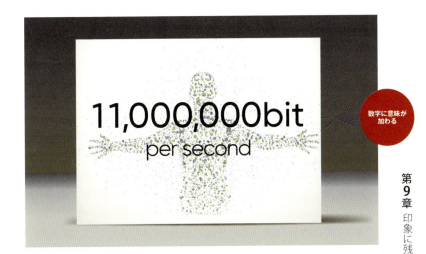

数字に意味が加わる

数字に意味が加わる

第9章のまとめ

● 1つのシートには、1つのトピック

● 円グラフは並べない

● グラフの色使いは、派手さよりも機能性を重視

● シート全体で、色のルールを意識する

● 棒グラフの囲んだ罫線ははずす

● カラーの資料はモノクロコピーしたときにも、データが読めるように

● 問題の本質にせまるときは、文字だけでなくビジュアルも入れる

● どうしても覚えてほしいところは、ポイントのテキストを大きく見せる

● マージンを設定する

● 余白も残す

● フォントやカラーパレットをつくって、自分らしさを出す

● キースライドには、ビジュアルを入れる

デザインは「資産」

　「プレゼンシートを作成するツールは何を使ったら良いでしょうか？」という質問をよく受けるのですが、「ツールはなんでも良いと思いますよ」とお答えしています。

　もちろんプレゼンのスライドのデザインが良ければ、伝えたいことも伝わりやすくなりますし、良いことばかりです。しかし、スライドの良し悪しは、必ずしもツールによるわけではありません。むしろ、ツールに縛られないことが大切だと私は考えています。

　私自身は、Adobe 社の InDesign というツールを使用していますが、これは自社の作例や資料などの「素材」の管理がしやすいからだけです。PowerPoint でも Keynote でも、Illustrator でも、Sketch でも、好きなものを使用していただいてかまいません。
　InDesign らしい機能といったものを、実はスライドの作成にはほとんど使用していません。やっていることは、「画像をパッと目に入る位置に置く」「画像にテキストを添える」「テキストを読みやすく配置する」ことです。

　資料をデザインするうえで、ツールよりも重要なことがあります。それは、つくったデザインは「資産」や「素材」として必ずそのまま保存しておく、ということです。また、レイアウトした状態のものに、

「素材」としての価値があるときは、そのページまるごと、別のファイル形式にするなどして保管しておきましょう。

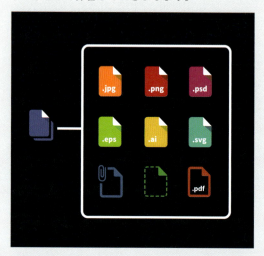

2008年に刊行した拙著『視覚マーケティングのススメ』（クロスメディア・パブリッシング）には、いまだに通用すると思っている、こんな一文があります。

「デザインとは、資産であり、消耗品ではありません」

たしかに時代によってデザインのツールやトレンドは変化しますが、見た人の印象に残るデザインの原理原則は「ワンキャッチ・ワンビジュアル」「フォントは『ファミリー』で使う」「余白を生かす」をはじめ、普遍的なものです。そのような原理原則をもとにつくったデザインは「資産」であり、次のデザインを生み出す「素材」となりえるのです。

第**10**章

デザインの原理原則に沿って、つくってみよう

（チラシ・ポスター・サイネージなど）

「何を言いたいのかわからないチラシ」を反面教師に

　伝えたいことがあいまいで、情報が散漫になっていると、受け取る側に大きな負担となります。

　デザインのアイキャッチ的な役割を兼ねるコピーの要素が2つ以上あったり、スタイルの混在などは「何が言いたいのかわからない」ことにつながります。

SINCERITY　キャッチコピーが2つ以上あると混乱する

　右下のチラシは、カーシェア＆シェアサイクルのサービスの周知なのか、半額キャンペーンなのかわかりません。世の中のお試しサービスには「無料」の意味を含むものもあるので、チラシの中央下に「半額」と書いてあるので混乱する人もいるかもしれません。とくに、1つの紙面の中での不統一は、同じキャラクターが同時に別のことを言っているのと同じで、見る人に不信感を与えます。

SINCERITY　箇条書きが何種類もあるとポイントがわからない

　また、①②③、(1)(2)(3)などの箇条書きが何か所もあるのも、混乱の元です。

BEFORE　結局何を言いたいのかわからなくて混乱

SINCERITY **誘導先を1つに絞らないと混乱する**

お問い合わせ先が複数あると、どこに連絡をしたらいいのかがわかりません。発信元は1か所に絞りましょう。

SINCERITY **デザインスタイルに一貫性がないと混乱する**

前ページのチラシは情報整理がされておらず、さまざまな書体や囲みの罫線を使いすぎています。下はデザインスタイルを統一し、一貫性を持たせました。

AFTER 言いたいことを1つに絞り、情報を整理して、発信元がどこかわかるように改善

65 「目的」をデザインで表現する

　「何を伝えたいのか」という目的（告知なのか、集客なのかなど）を明確に表現できていないと、内容以前の問題として、読んでもらえません。「告知」がメインの目的だとしたら告知ついでにあれもこれもと欲張らず、それ以外のことは別の媒体で伝えるなどバッサリと切り捨てて、シンプルに見せることが大切です。

SINCERITY　キャッチを読んでもらうことがデザインのゴール

　自治体や公共団体の配布物などでも、情報を詰め込みすぎたものをよく見かけます。情報が整理されていないと、「難解」な印象を与えてしまいます。逆に整理された情報は、「親しみやすく、わかりやすい」印象になります。情報のデザインも心がけましょう。

SINCERITY　「どこから、誰に向けて」を明確に

　発信元は誰かを、はっきりと見せましょう。いくら素敵なキャッチコピーが入っていたとしても、発信元があいまいだと、胡散臭さが漂います。

BEFORE　「なんだかわからない」「難しそう」

| SINCERITY | **はっきりした発信元情報は、クリーンイメージを演出**

　発信元の情報は、スッキリわかりやすく入れましょう。地色を敷いたり、枠で囲むなど余計な加工をする必要はありません。

第10章 デザインの原理原則に沿って、つくってみよう

AFTER　（キャッチコピーを読んで）「へぇー、最近は、そういう新しい仕組みができたんだ」とわかる

66 ターゲットをアイキャッチに

第1章の「03 誰が見るのか」でも触れましたが、見る人を意識してデザインされているものは「これは、私のための広告なんだ」ということが伝わりやすくなります。

したがって、伝えたいペルソナをそのままアイキャッチにするのはスタンダードな手法です。「似た者同士は集まる」とよく言われますが、広告で伝えたい人（と似た者）が、集まるようにビジュアルやキャッチコピーを工夫しましょう。

SINCERITY 説明文が長く多いだけで「面倒」と感じる

論文や報告書、専門書などでは情報の量は価値になりますが、ポスターやチラシなどで、多すぎる情報は「ノイズ」になり、読むこと自体が苦痛、面倒になります。

たとえば時間に追われている忙しい子育て中のお母さんがターゲットになる場合は、詳細の情報はサイトに誘導するなどして、最初のつかみでは「親しみやすい」「わかりやすい」ことに注力します。いらない情報は極力減らすことも、デザインの工夫です。

BEFORE　紙面いっぱいに情報があるだけで、読むのが面倒に感じる

SHARE 「ミラーニューロン（鏡）」の法則

「明るく前向きな人の周りには、明るく前向きな人が集まる」ように、似た者同士が集まるのは、デザインでも同様です。たとえば、小さなお子さんがいるお母さんが、育児をお父さんに任せて、ちょっと近所に買い物にというシーンを想定しているチラシであれば、そういったペルソナをそのまま見せるだけで、「見てほしい人」の目にとまります。

第10章 デザインの原理原則に沿って、つくってみよう

AFTER 「あ、私にぴったりかも！」と思わせるには、「私（に似た人）」を出す

67 魅力を見せて、引き寄せる

　前項の「ターゲットを見せる」のワンランク上のテクニックとして、ターゲットの「ベネフィット（夢見るシーン）」を見せていくというものがあります。ベネフィットとは、本来、利益や恩恵のことを指しますが、デザインの表現として使用する際は「商品（サービス）によってもたらされる幸せなシーンやストーリー」を見せて、行動を起こしてもらうものと考えて良いでしょう。

UNIQUENESS　イメージがわかないと、興味関心が薄れる

　情報の量が多すぎると、イメージが浮かびずらくなるため、ユーザーの興味関心が薄れてしまいます。もともと、読みにくいうえに興味も持ってもらえなかったら……。

　「自分に関係がない」と思われてしまったら、そのチラシはゴミ箱に行きかねません。もちろん、ゴミ箱に捨てられるために、チラシをデザインしているわけではありませんね。

　まずは相手の立場になって、見る人の「これだけは知りたいこと」を想像しながらイメージをふくらませてみましょう。

BEFORE　紙面いっぱいに情報があるだけで、面倒に感じる

IMPRESSION **ユーザーの「ベネフィット」を訴求する**

　「魅力的に感じる」シーンやストーリーは、論理的に正解を導くというよりも、見る人が「どんなふうに感じるか」を想像し、つくる人の「伝えたいこと」と、見る人の「知りたいこと」が重なるようにデザインしていきます。こうでなくてはいけない、という決まりはありませんが、ビジュアルで魅力を見せて、引き寄せることが大切です。

第10章　デザインの原理原則に沿って、つくってみよう

AFTER 「持たない暮らしをしている、僕たちにぴったりだね！」と感じたらOK

68 「視線の流れ」をつくる

　とくに屋外看板やサイネージなどは、遠目からでもはっきりと見えて、さらに「視線の流れ」をつくることが重要です。

　ここからは、山口県防府市で「ほうふ花燃ゆ大河ドラマ館」のオープンに際して、著者が実際にアドバイスをし、デザインが改善された事例をもとに解説していきます。

UNIQUENESS **デザイン内で競合状態にならないように**

　下にあるのは原案で、ドラマ館の告知以外に誘導の矢印、観光名所の円形写真が3つ、ゆるキャラとタイトルのロゴが2つ入っており、紙面がごちゃごちゃになっていて、肝心なことが記憶に残らないレイアウトでした。

　また、ポスターの右下にある矢印は、会場の方向への視線誘導ではなく、文字列を指して見えます。

BEFORE　どこを見たらいいのかわからない

ACCESSIBILITY **タイトルロゴを読ませてから、詳細の情報へ**

　目的に不必要なものを整理し、「ほうふ花燃ゆ大河ドラマ館」と「ルルサス（会場）はこちらですよ」という伝えたい情報を分割します。そして、タイトルとアイキャッチに視点を集中し、次に誘導の矢印に視点を移動させるようになりました。

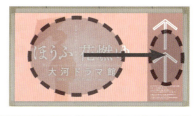

AFTER 「ドラマ館ができるのか」「まっすぐに行けばいいのか」がすぐにわかる

第**10**章 デザインの原理原則に沿って、つくってみよう

遠目からもよく見えるために、情報をバラしてメリハリをつける

デジタルサイネージや動画広告など、画面を切り替えられる媒体であれば、伝えたいことの取捨選択がとても重要になります。ビジュアルはもちろん、情報もデザインすることで見た人の記憶に残ります。

IMPRESSION 盛り込みすぎの内容は媒体を分ける

　下にあるのはさきほどのポスターを、目的ごとのサイネージに分けた例です。ドラマ館のメイン訴求、会場への誘導矢印、観光名所の案内をいったんバラバラにして１つのテーマずつ完結させることで、機能的に、見やすく、わかりやすくなります（レイアウトも簡単になります）。

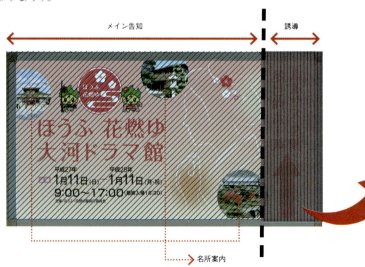

BEFORE　詰め込みすぎて、内容がわからない誘導ポスター

ACCESSIBILITY 視線の誘導は、「矢印」を強調する

　矢印が文字列を指しているのか、会場への誘導の意味を持つのかがあいまいだったため、矢印を大きく、それ以外をコンパクトに収めたことで、誘導のことだとわかるようになります。

UNIQUENESS **やっぱり基本は1枚ごとに1つのメッセージ**

　丸く囲われてあちこちに散りばめられていた観光名所は、「防府天満宮」のみ、「毛利庭園」のみのように、1枚1か所に再構成し直しました。

誘導

メイン告知

名所案内

AFTER　メリハリのある、わかりやすいものに

第10章 デザインの原理原則に沿って、つくってみよう

195

70 どんなサイズにも展開できるように

1つのデザインを、さまざまな媒体に展開する際には、上下・左右ともに可変しやすい固まり（デザインの「エレメント」などと言います）に分けておけば、どのようなシチュエーションでも、展開が可能になります。

SHARE　「アイキャッチ」「説明」「背景」に要素を分けておく

下の事例は、横長の誘導のポスターですが、前項で説明した手順に従って、不要なものを取り、必要な部分をパーツに分けると、リサイズが容易になって、どのようなレイアウトにも展開できます。

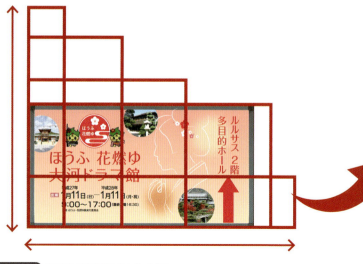

BEFORE　ほかのサイズに展開しにくかったので……

SHARE **横長でも縦長でも、リサイズしやすくする**

　下の作例は、実際のイベント時に作成したものです。このように「アイキャッチ」「説明（タイトル）」「背景」に分けておくと、正方形から、横長、縦長まで、あらゆるサイズに展開できます。

メイン告知

誘導

第10章 デザインの原理原則に沿って、つくってみよう

AFTER　リサイジングが容易になりました

71 情報を増やすときは グリッドを使う

　ここまで、情報をなるべくシンプルに絞ったほうが伝わりやすいという話をしてきましたが、どうしても情報を減らせないというときもあるかもしれません。その場合は、ここまで提示してきた悪い例のようにあちこちに散らさずに、「グリッド（レイアウトのための方眼・格子）」を想定して、デザインしてみましょう。

IMPRESSION 最もシンプルなレイアウトの1コラムからスタート

　ワンキャッチ・ワンビジュアル、リードコピーとロゴくらいのシンプルな素材で、基準のデザインをまずは決めてしまいます。ここでは、全体のホワイトスペースに対して、左ぞろえでゆったりとレイアウトしてあります。

IMPRESSION 2コラムは、バランスをとるのが難しい

　「STEP1」のサンプルには、目安でうっすらと2コラムのガイドラインが透けて見えるようにしています（実際にはコラムのガイドラインは見えません）。2コラムはバランスをとるのが難しく、おすすめできません。

STEP1　シンプルな要素で基準のデザインを作成

| IMPRESSION | **5コラムあれば、なんでもはいる**

　情報量が増える場合、手早くきれいにレイアウトを整えたければ、3〜5コラムでレイアウトしましょう。下の5コラムの例では、キャッチコピー、リードコピー、2つの写真入りボディブロック、詳細説明、ロゴがスッキリ収まりました。3〜5コラムにするとバランスもとれ、まとまりもできやすいのでおすすめです。コラムの数は、入るコンテンツの量や内容で選択します。

STEP2-1　5コラムにして、情報を追加

第10章　デザインの原理原則に沿って、つくってみよう

下の２つの例では、３コラム、４コラムにして情報を追加しています。情報量が多くてもうまくバランスがとれているのがおわかりいただけると思います。

STEP2-2　３コラムにして、情報を追加

STEP2-3　４コラムにして、情報を追加

72 チラシの展開パターン3例

　グリッドが意識できたら、大まかな本文の内容によって、よくあるチラシのパターンに当てはめてみましょう。

　例として、1つのチラシをもとに講師が2人いるパターン、横長のポスター的なイメージでビジュアルをゆったり見せるパターン（SNSのバナーなどもこの形に近い）、コンテンツの情報をしっかりと見せるパターン、といったものをデザインしてみます。

IMPRESSION 「ワンキャチ・ワンビジュアル」の見せ方を踏襲する

　1つのチラシをもとに、さまざまな展開をするとき、基本となるルールは「メインのパーツは踏襲すること」です。

　たとえば、講師が2人いるセミナーのチラシの場合も、基本となる構成要素を用いることで、デザインの統一感が出ます。また、横長のポスター的なものやバナーにするときも、メインのタイトルやビジュアルを、サイズ調整しながら用いることで、見た人に「あの一連の」などと想起してもらいやすくなります。

BASE　何度か登場したチラシ

第10章　デザインの原理原則に沿って、つくってみよう

PATTERN1 登壇者を丸版で掲載する

PATTERN2 横位置にして、ポスターのようなイメージに

| IMPRESSION | **サイズや要素が変わっても、統一感を意識する**

　アイキャッチはできるだけイメージをそろえて、本文や詳細情報を入れる部分にスペースをつくります。コンテンツが増える場合も、アイキャッチの割合をなるべく合わせると、さまざまなサイズになっても統一感のある印象を与えます。

PATTERN3　3コラムのグリッドを使用して、コンテンツを豊富に掲載

第10章　デザインの原理原則に沿って、つくってみよう

73 使う書体は2つまで

　使える書体がたくさんあるからと、情報の要素ごとに異なる書体を使用してしまう人がいます。全体の統一感、読みやすさなどを考えると、何種類も使用することはおすすめできません。フォントはファミリーで使用するというルールを原則として、見出しと本文を変える場合も、2種類くらいに収めておくと、洗練されたデザインになります。

ACCESSIBILITY 何書体も混ぜて使用しない

　フォントの章でも書いた通り、フォントは読みやすさを優先し、基本はゴシック体か明朝体などを使用します。個性的なフォントを使用したい場合は、種類を混ぜて使用しないようにしましょう。

ACCESSIBILITY 書体は目的と機能で

　キャッチコピーにはパッと目に入る書体を、本文書体は読みやすさを優先して選ぶ、というように書体は目的や機能を重視します。フォント名にUDという略称がついていたら、ユニバーサルデザイン（Universal Design）のことを意味しています（アクセシビリティーに配慮したフォントのこと）。普段から、フォントの名前にも注目してみましょう。

BAD フォントの種類の使いすぎはNG

第10章 デザインの原理原則に沿って、つくってみよう

GOOD　スッキリ！　タイトル（にじみ明朝体）と本文（ゴシック体）の2書体に絞る

GOOD 写真の世界観とキャッチのフォントのデザインを合わせている

BAD キャッチの書体が写真の世界観と合っていない

74 30人以下のためのデザイン

部内の懇親会、ピアノ教室のクリスマス会、子供会のイベントなどの「身内に向けたコミュニケーション」と、「そのほか大勢に向けてのコミュニケーション」のどちらなのか、ということを認識しましょう。いずれにしても、何を、いつ、どうする、などのポイントが伝わることが大事です。

SHARE **ローカルなルールに従い、共感力を重視。単純明快なコミュニケーションを**

「おしらせ」や「ご案内」という種類のコミュニケーションツールであれば、シンプルに。「〇〇〇のみなさんへ、〇月〇日に〇〇があります」というフォーマットで十分です。

75　300人以下のためのデザイン

　人数が限られていても、不特定多数の人が見るもののデザインは、たとえ社内向けであっても、表現手法はゼネラルでスタンダードなものがおすすめです。表現の仕方で効果も大きく変わってきます。

IMPRESSION 「余白」は大事なものがある、という暗示

　強くメッセージしたいことであっても、文字を大きく入れれば強さが伝わるとは限りません。視点の流れやホワイトスペース、伝える順序を意識しましょう。また、きちんとした印象は、マージンや余白の確保からつくられます。

SINCERITY シロフチやシャドーは、入れないほうが誠実な印象に

　文字を目立たせようとフチやシャドーをつけがちですが、読みづらくなります。文字を入れる場所を工夫する、写真のトリミングを変更する、濃度の調整などでもテキストを目立つようにできます。

ACCESSIBILITY メインとサブの関係を明快に

　キャッチコピーなのか、リードコピーなのかをはっきりさせましょう。

BEFORE　スペース一杯に要素を詰め込みすぎ

第**10**章 デザインの原理原則に沿って、つくってみよう

AFTER 「余白」をつくることで、大切なことが書いてあることを、見せて伝える

76 多くの人に伝えるデザイン

　よりたくさんの人に伝えるには、つねにシンプルなデザインを心がけましょう。細ごまと情報が載っていると読むのが面倒だと感じる人もいるので、できるだけ情報は整理して減らしましょう。また、小さすぎる文字の使用は避け、背景と文字のコントラストを確保しましょう。

Sincerity　飾りはつけない。マージンやスタイルをそろえよう

　ロゴやテキストに影（シャドー）をつけてしまいがちですが、よっぽど上手にアレンジしないと、センスが良くなく見られてしまいます。取れるものはすべて取り、色数も背景色を含めて3色程度に収めます。また、マージンやデザインスタイルも統一します。

Accessibility　コントラストを確保する

　背景に対して、文字がきちんと見えていますか？　モノクロにしたときに見える濃度差も意識しましょう。コントラストを確保することが大切です。

BEFORE　要素も、デザインのテクニックもいろいろと詰め込みすぎて、よくわからない

AFTER　キャッチコピー、リードコピー、コラムを整理し、多くの人に読まれるものに

第10章 デザインの原理原則に沿って、つくってみよう

77 さまざまな媒体に展開する

　サイネージをはじめ、スマートフォン、タブレット、タクシー広告といった電子コンテンツなどさまざまな媒体に展開が可能なように、デザインのルールを決めましょう。

　デザインのルールは、簡単でもいいので「デザインのガイドライン」として明文化しておくことをおすすめします。

SHARE　写真は1枚ずつが基本。コラージュはしない

　ポスターなどの紙媒体のみを主体に考えて、キービジュアルになりうる写真を幅広の長方形の中にコラージュしてしまうと、縦長のデバイスで左右が切れてしまいます。なるべく、天地左右が切れても大丈夫な写真をあらかじめセレクトしておきましょう。写真は1枚ずつ使い、コラージュはしないのが共有・共用しやすいデザインです。

パソコンの幅に合わせたテキストは左右が切れてしまうのでNG

BEFORE　バナーを画像のコラージュにするのはやめよう

| ACCESSIBILITY | **写真に文字を画像として埋め込まない**

　キャッチコピーやテキストを画像の中に埋め込むことも避けましょう。どうしても重ねたい場合も、画像を背景にするなどして、「テキスト」が生きたまま、掲載されるよう工夫をしてください。

| IMPRESSION | **フォントは全体で２種類程度に**

　フォントの種類は、全体で２種類程度に絞っておきましょう。使用するパソコンの環境によっては使えないフォントがあるので、その場合は代替フォントが表示されるように、優先順位をガイドライン化し、デザイン全体をマネジメントします。

| AFTER | 写真とテキストは、バラバラにして、デザインスタイルに一貫性を持たせる

第10章 デザインの原理原則に沿って、つくってみよう

第10章のまとめ

- 「キャッチコピー」が2つ以上あると混乱する

- ❶❷❸(1)(2)(3)などがいっぱいあると混乱する

- 誘導先を1つに絞らないと混乱する

- デザインスタイルに一貫性がないと混乱する

- 何を伝えたいのかという目的を明確に

- 多すぎる情報は整理する

- ターゲットをアイキャッチに

- 似た者同士が集まる法則を利用する

- ユーザーの「ベネフィット」を訴求

- 「視線の流れ」を作る

- テーマをバラしてメリハリをつける

- 横長でも縦長でも、リサイズしやすくする

- 情報を増やすときはグリッドを使う

- 書体は2つまで

- 大事なメッセージのために余白をつくる

- 余白は大事なものの「暗示機能」がある

- たくさんの人に伝えたいときはシンプルなデザインに

- どうしてもという必要がなければ、飾りや罫線はすべてはずす

- 写真のコラージュ表現を避ける

- フォントの種類は2種類まで

- 汎用性を常に考えてデザインをする

第10章 デザインの原理原則に沿って、つくってみよう

「デザイン力」は日常でも欠かせない

言葉の壁を超えた「Flush Button」

　ダイバーシティ推進都市とされる、ニューヨークやオランダなどの欧米の大都市を旅行すると、よく見かけるのが下のタイプの「Flush Button」。これはトイレで流す水の量を、円の大きさや面積でデザインしたボタンです。

　たしか、丸だけでなくて、四角いボタンもあったと記憶していますが、ひと目で「大きいほうは水がたくさん流れて、小さいほうは水が少ししか流れないんだろうな」ということを予測できます。

　最近、私が関わるプロジェクトの多くで、「多言語化」「ダイバーシティ推進」は大きな指標となっています。このようなデザインであれば、「あれ、トイレの『大』ってなんて訳すんだろう」などと心配することもありません。これも「多言語化」「ダイバーシティ推進」を具現化したデザインの1つだと思います。見る人に伝わってこそ、デザインは価値となる例でもあります。

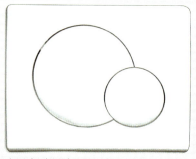

大きな丸と小さい丸しかないボタン。文字はない

迷いようがない、空港の「行き先案内矢印」

こちらはイギリスのヒースロー空港で見かけた、乗り継ぎターミナルへの行き先を示す矢印です。通路の壁いっぱいに黄色い矢印で、「Terminals 2 & 3」と書いてあり、行き先を間違えようがありません。

私はどちらかというと方向感覚が非常に弱くて、Google Map を持っているのに、(東京生まれの東京育ちなのに) 都内で道に迷ってしまうことがたまにあります。もともとの方向オンチのせいもあり

ヒースロー空港の、乗り継ぎターミナルへの矢印

ますが、考えてみると、地下鉄にせよ、首都高速道路にせよ、詳しくしようとしすぎて、かえって複雑にしている誘導デザインは多いような気がします。

とくに私が迷いそうになる誘導の矢印は、道路の真ん中にぶら下がっていて、同時にいくつかの方向を指しているタイプです。上のイギリスの空港のようなタイプの矢印であれば、「とりあえず、進む方向は間違ってはいない」ということを確信できるのですが。

その土地に慣れていない人、言葉に壁がある人、うっかり間違いやすい人 (私のことですが) ……、そういった人たちを助けてくれる、わかりやすいデザインがもっともっと町中に増えることで、世の中がより良くなる。これが「デザイン力」の目指す最終的なゴールでもあるかもしれません。

おわりに

「ウジさん、この案でいきましょう！　決定です！」

「え、ほんとですか？　わー！　うれしいです！」

「最後は直感というか……。でも、ここまで整理してきた、与件や戦略ともすべてマッチしていますし、文句なしです！」

「ですね。実は、ちょっと冒険しすぎかなとも思っていたのですが……。自分でも気に入っていたので、良かったー！」

　もう、随分と長いことデザイナーをやっていますが、デザインが決まっていく瞬間というのは、デザイナーにとって一番重要な儀式のようなものです。この「おわりに」を書いているちょうど今この瞬間にも、1つのデザインが選ばれて、市場に旅立っていきました。

　私がまだ、アシスタントのころ、広告業界の大物と言われるプロデューサーの方がおっしゃっていた、今でも心に刻まれている言葉があります。

　それは、「つくるよりも、選ぶことのほうが大変だ」というものです。

　つまり、つくる行為というのは、ある意味、つくり続けていれば、良いものができる可能性というのはいくらでもあります。

　一方で、デザイン以外でもおそらくそうだと思いますが、選ぶこと、これは、とても難しい。時代の流れを考慮したり、完成形が見えていない状態であったり、まだ磨かれていない原石だったりするものを「選ぶ」ということは、同時に、何かを捨てることでもある

からです。そして、その判断には責任が伴います。

　私はもう7年ほど、かごしまデザインアワードという鹿児島市の人材育成事業の一環のプロジェクトで、審査員をさせていただいています。正直言って、「(こんなにたくさんの応募作品の中から) 1つに選ぶ (絞る) のは本当に大変だなぁ……」と思うことがよくあります。

　もちろん、私だけでなく、ジャーナリスティックな視点を持つ審査員、経営的な視点を持つ審査員、事務局や市役所のみなさんと一緒に頭に汗をかいて選んでいるわけですが、そのときのやりとりを、実は、ずっと以前から、もっと多くの方と共有したいと思っていました。

　単なるイメージで選んでいるわけでは決してなく、「なぜ、このデザインはダメなのか」「こっちのデザインのほうが優れているのか」には、はっきりとした理由があります。理由の根拠となるのは、デザインによって伝わる「ゴール」です。

　本書の冒頭で、デザインで「伝えるゴールを明確にする」とお話ししましたが、この「ゴール」というものを明確にするのはそれほど簡単なことではありません。

　少なくとも「デザインの基本」が必要になってきます。私が「デザインの基本」を、ノンデザイナー向けに伝え続けている理由の1つはそこにあります。

　本書にも登場する、山口県防府市のプロジェクトに関わった際、ちょうどそのトップの方に「デザインの基本」についてお話ししたことがあります。限られた時間ではありましたが、トップの方はす

ぐにその原理原則を理解され、正しい施策に向けて舵を切ってくださいました。そのとき私は「デザインを判断する人のデザイン力」も、とてつもなく重要になってきていると身をもって感じました。

　この本を書き終えるのは、なんだかもったいない気もして、それくらい書くのが楽しかったのですが、いよいよ、みなさんが実際にデザインを選んだり、デザインしたりするときが近づいてきたとも言えます。
　ダメなデザインは、読まれず、伝わらず、もちろん印象にも残らず、成果にもつながりません。しかし、「デザイン力の基本」をみんなが身につけると、世の中はその逆になります。
　つまり、パッと目にとまる、見やすい、伝わるデザインが選ばれ、つくられ、増えるわけです。それによって、より良くなる世の中が目に浮かびます。
　そのためにも、まずダメなデザインをみんなで一緒にやっつけていきましょう！
　本書がみなさんの日常にお役に立てるよう、心から願っています。

参考文献

『Research & Design Method Index -リサーチデザイン、新・100の法則』(BNN新社)
『コトラーのマーケティング4.0 スマートフォン時代の究極法則』(朝日新聞出版)
『誰のためのデザイン?―認知科学者のデザイン原論』(新曜社)
『ポール・ランド、デザインの授業』(BNN新社)
『日本の伝統色―その色名と色調』(青幻舎)
『フランスの伝統色』(パイインターナショナル)
『生まれ変わるデザイン、持続と継続のためのブランド戦略』(BNN新社)

もっとデザインを学びたい人へ-おすすめデザイン書-

『インタフェースデザインの心理学 ―ウェブやアプリに新たな視点をもたらす100の指針』(オライリージャパン)
『人を動かす』広告デザインの心理術33』(BNN新社)
『Design Rule Index 要点で学ぶ、デザインの法則150』(BNN新社)
『デザインの教室 手を動かして学ぶデザイントレーニング』(エムディエヌコーポレーション)
『ノンデザイナーズ・デザインブック [第4版]』(マイナビ出版)
『デザインの知恵 情報デザインから社会のかたちづくりへ』(フィルムアート社)
『UXデザインの教科書』(丸善出版)
『フォントのふしぎ ブランドのロゴはなぜ高そうに見えるのか?』(美術出版社)

色やフォント　参考URL

https://www.pantone.com/
https://www.myfonts.com/
https://note.fontplus.jp/
https://www.morisawa.co.jp
https://material.io/
https://design.google/
https://fonts.google.com/
https://blogs.adobe.com/japan/creativecloud/design/
https://fonts.adobe.com/
https://www.microsoft.com/design/
https://www.microsoft.com/design/fluent/
https://francfranc.io/
https://francfranc.io/design-system-guidelines

筆者のブログなどURL

https://medium.com/@UJITOMO
https://twitter.com/UJITOMO
https://www.instagram.com/ujitomo/
https://unsplash.com/@ujitomo
https://note.mu/ujitomo
https://www.pinterest.jp/ujitomo/
https://www.facebook.com/tomoko.uji

図版クレジット

はじめに
https://www.shutterstock.com
@rabbizy
@stockbroker
https://www.uji-publicity.com
@Uji Publicity

第1章
https://www.shutterstock.com
@Vitaly+Art
@twins_nika
@Anastasiya+Dachko
@rabbizy
@ramonakaulitzki
@Daria+Riabets
@ellegant
@aklionka
@prince_apple
@sunanboonard
@Uniyok
@vitenes
https://unsplash.com
@j_cobnasyr1
@ujitomo
http://ichiuma.co.jp/
©Ichiuma Honten
https://www.uji-publicity.com
@Uji Publicity

第2章
https://www.shutterstock.com
@kurtAchatz
@Rawpixel
@KurtAchatz
@BillionPhotos
https://www.uji-publicity.com
@Uji Publicity

第3章
https://www.shutterstock.com
@vipman45
@Patta757
@grafvision
https://unsplash.com
@lionel_gustave
@tak_tag
@lionel_gustave
https://www.uji-publicity.com
@Uji Publicity

第4章
https://www.shutterstock.com
@tkacchuk
@Rawpixel
@dolgachov
@studiostoks
@gresei
@NuOilSuwannar
@pacharada+sitis
https://unsplash.com
@nathan_mcb
@lostdesign

@gaspanik
https://www.uji-publicity.com
@Uji Publicity

第5章
https://www.shutterstock.com
@cteconsulting
@jhuls
https://www.uji-publicity.com
@Uji Publicity

第6章
https://www.shutterstock.com
@YummyBuum
@gaspanik
@GO+DESIGN
@simonrae
@malija
https://unsplash.com
@nate_dumlao
@gaspanik
@benkolde
@officialdavery
@karishea
@jarispics
@jonathan-percy
https://www.ibarakikenki.co.jp
@ibarakikenki
https://www.sr-infinity.com
©Nakamura Nakatsuji office
https://www.uji-publicity.com
@Uji Publicity

第7章
https://www.shutterstock.com
@HstrongART
@studiog
@Bro+Crock
@vohong12
@AndrewRybalko
@Pervomai
@Dominik+Demcak
@baranq
@naum
@bluesky60
@Anastasia+Mazeina
@Anna+Lukashenko
@David+De+Assuncao
@cteconsulting
@vityka
@plasteed
@Pervomai
@AndrewRybalko
@Krzysiek+Stefaniak
@grafvision
https://unsplash.com/
@ayahya09
@nate_dumlao
@foodbymars
@vruyr
@ujitomo
https://www.uji-publicity.com
@Uji Publicity

第8章
https://www.shutterstock.com
@David+De+Assuncao
@flixelhouse
@Bertolo
@sanneberg
@donatasruksenas
@HAKINMHAN
@karandaev
https://unsplash.com
@anniespratt
@brigittetohm
@nate_dumlao
https://ameblo.jp/takami-25884
©Hotami Coffe
http://www.hofu-uirou.com
©Hofu Uiro Honpo
https://www.uji-publicity.com
@Uji Publicity

第9章
https://www.shutterstock.com
@Michwich
@Milos+Batinic
@Pattanawit+Chan
@studiolaut
@GoodStudio
@Gembul
@Bibit+Unggul
@CharacterFamily
@ganko
@tkacchuk
https://unsplash.com
@rollelflex_graphy726
@brunus
https://www.uji-publicity.com
@Uji Publicity

第10章
https://www.shutterstock.com
@studiolaut
@Rawpixel
@YummyBuum
@stockbroker
@Natana
@darkink
@piai
@lofilolo
https://unsplash.com
@sixstreetunder
@sadswim
@brunus
@jwwhitt
https://www.hofu-kan.or.jp/
©Hofu Convention and Visitors Bureau
https://www.uji-publicity.com
@Uji Publicity

ウジ トモコ

戦略デザインコンサルタント、アートディレクター。多摩美術大学
グラフィックデザイン科卒業後、広告代理店および制作会社にて
三菱電機、日清食品、服部セイコーなど大手企業のクリエイティ
ブを担当。1994年ウジパブリシティー設立。デザインを経営戦略
としてとらえ、採用、販促、ブランディング等で飛躍的な効果を
上げる「視覚マーケティング」の提唱者でもある。ノンデザイナ
ー向けデザインセミナーも多数開催。「かごしまデザインアワード」
審査員。山口県防府市「幸せますブランド」契約アートディレクター。
スタートアップ企業のCDOなど兼任。老舗や日本の良いものを世
界に打ち出すブランディング案件にも積極的に取り組んでいる。
2017年には、25周年を迎えたインテリア雑貨大手ブランド
「Francfranc」のデザインガイドライン策定に携わる。著書『売
れるデザインのしくみ ～トーン・アンド・マナーで魅せるブランド
デザイン～』(BNN新社)、『デザインセンスを身につける』(SB
クリエイティブ)ほか。

デザイン力の基本

2019年 8 月10日　初 版 発 行
2020年 2 月 1 日　第 6 刷発行

著　者　ウジ トモコ ©T. Uji 2019
発行者　杉本淳一

発行所	株式会社 日本実業出版社	東京都新宿区市谷本村町3-29　〒162-0845
		大阪市北区西天満 6 - 8 - 1 　〒530-0047

編集部 ☎03-3268-5651　　振 替 00170-1-25349
営業部 ☎03-3268-5161　　https://www.njg.co.jp/

印 刷・製 本／木元省美堂

この本の内容についてのお問合せは、書面かFAX (03-3268-0832) にてお願い致します。
落丁・乱丁本は、送料小社負担にて、お取り替え致します。

ISBN 978-4-534-05711-2　Printed in JAPAN

「〇〇力の基本」シリーズ

簡単だけど、だれも教えてくれない77のテクニック
文章力の基本

阿部紘久
定価 1300円（税別）

30万部突破のベストセラー！「ムダなく、短く、スッキリ」書いて、「誤解なく、正確に、スラスラ」伝わる文章力77のテクニック。多豊富な事例をもとにした「例文→改善案」を用いながら、難しい文法用語を使わずに解説。即効性のある実践的な内容

大切だけど、だれも教えてくれない77のルール
メール文章力の基本

藤田英時
定価 1300円（税別）

8万部突破！ いつも使うけど、きちんと教わることのなかった「恥ずかしくないメールの書き方、送り方」。「メールは1往復半で終える」「用件が2つあるなら件名も2つ」など仕事ができる人がやっている、短く、わかりやすく、見やすいメール、77のルール。

ひと言で気持ちをとらえて、離さない77のテクニック
キャッチコピー力の基本

川上徹也
定価 1300円（税別）

5万部突破！ 仕事で一番必要なのに、誰も教えてくれなかった「言葉の選び方、磨き方、使い方」をわかりやすく解説します。名作コピーを中心に「普通→見本」のフォーマットで、「刺さる、つかむ、心に残る」コピーのつくり方77のテクニックが身につく。

定価変更の場合はご了承ください。